위대함에 이르는 하나님의 비밀
종의 마음

God's Secret to Greatness
Copyright ⓒ 2000 by David Cape and Tommy Tenney

Originally published in English in the U.S.A. under the title:
God's Secret to Greatness: The Power of the Towel by Baker Publishing Group, 6030 East Fulton Road, Ada, MI 49301, USA
All rights reserved.

This Korean edition ⓒ 2008 by Togijangi Publishing House, 2F, 71-1, Donggyo-ro, Mapo-gu, Seoul, Republic of Korea
Published by arrangement with Baker Publishing Group.

이 한국어판의 저작권은 Baker Publishing Group와 독점 계약한 도서출판 토기장이에 있습니다.
신 저작권법에 의하여 한국 내에서 보호를 받는 저작물이므로 무단 전재와 무단 복제를 금합니다.

특별한 표기가 없는 모든 성경 구절은 개역개정성경을 인용한 것입니다.

위대함에 이르는 하나님의 비밀
종의 마음

토미 테니 • 데이빗 케이프 지음 | 이상준 옮김

토기장이

추천의 글 1

섬김의 극치는 키움에 있다

토미 테니와 데이빗 케이프가 쓴 「종의 마음」은 위대함에 이르는 하나님의 비밀을 담은 책이다. 그리스도인을 향한 하나님의 부르심은 세상적인 성공으로의 부르심이 아니라 천국의 위대함으로의 부르심이다. 우리 모두가 성공할 수는 없다. 그렇지만 우리는 누구나 위대해 질 수 있다. 그 이유는 위대함은 섬김에서 비롯되기 때문이다. 섬길 수 있는 사람은 누구나 위대함에 이를 수 있다.

섬김은 종의 마음을 품을 때 가능하다. 종의 마음은 예수님의 마음이다. 바울은 "너희 안에 이 마음을 품으라 곧 그리스도 예수의 마음이니"빌 2:5라고 말한다. 섬김의 길은 쉬운 길이 아니다. 어려운 길이요, 좁은 길이다. 그렇지만 섬김의 길은 복된 길이다. 기쁨의 길이다. 진정한 자유함에 이르는 길이다. 섬김의 길은 겸손의 길이다. 섬기기 위해서는 낮추어야 한다. 무릎을 꿇어야 한다. 발을 씻겨주어야 한다. 그래서 섬김의 길이 위대한 것이다.

섬김의 비밀은 발을 씻겨 주는 데 있다. 섬김은 더러운 것을 닦아 주는 것이다. 율법이 더러운 것을 고발한다면, 복음은 더러운 것을 대신 닦아 준다. 그래서 섬김의 길은 복음의 길이다. 섬김은 더러운 것을 닦아 주는 것뿐 아니라 감추어진 아름다움을 밝히 드러내 주는 것이다. 섬김은 발만 닦아 주는 것이 아니다. 섬김은 상대방을 빛나게 해주는 사랑이다. 더러운 것을 닦아 주면 닦아 준 부분이 빛을 드러낸다.

섬김의 극치는 키움에 있다. 예수님의 섬기심은 발만 닦아 주신 섬기심이 아니다. 사람을 키우는 섬기심이다. 사랑의 극치는 키움에 있다. 사랑한다는 것은 아끼는 것이요, 아낌은 키우는 것이다. 그래서 섬김이 귀한 것이다. 토미 테니와 데이빗 케이프는 이 책에서 위대함에 이를 수 있는 하나님의 비밀을 가르쳐 준다. 섬김이란 무엇인가를 설명해주고, 섬김을 통해 누리는 기쁨을 나누고 있다. 또한 매일 섬기는 삶을 살 수 있는 일곱 가지 열쇠를 가르쳐 준다.

나는 이 책을 섬김을 통해 위대함에 이르기 원하는 분들에게 추천하고 싶다. 섬김을 통해 사람을 키우고 세우기를 원하는 분들에게 추천하고 싶다. 섬김의 열정에 불을 붙여 주기를 원하는 사역자들에게 추천하고 싶다. 섬김을 통해 진정한 자유, 행복, 기쁨, 그리고 평안을 누리기 원하는 분들에게 추천하고 싶다.

강준민 • L.A.새생명비전교회 담임목사

추천의 글 2

하나님의 임재가
넘치는 긍휼로, 그리고 기적의 현장으로

 이 책을 읽으면서 주님께서 제자들의 발을 씻기시던 장면이 계속 떠올랐다. 왜 주님은 제자들의 발을 씻겨주신 걸까? 제자들에게 섬김의 본을 보여주시기 위해 다른 방법도 많이 있었을 텐데 왜 하필 발을 씻겨주셨을까? 이 책의 공동저자인 데이빗 케이프 목사님의 세족사역을 보며 그 궁금증이 풀렸다. 가장 낮은 자세로 무릎 꿇고 더러운 발을 두 손으로 정성껏 씻겨주는 데이빗 목사님의 사진을 보면서 가슴 저 깊은 곳으로부터 주님의 사랑이 느껴졌다. 주님의 마음이 느껴졌다.
 주님이 하나님의 영광을 버리고 사람으로 오셔서 종의 마음으로 우리를 섬겨주신 것처럼 데이빗 목사님은 자신의 모든 기득권을 기꺼이, 그것도 즉시 포기했다. 그리고 세계를 다니며 사람들의 발을 씻겨줌으로 주님의 생명을 전하고 있다. 주님이 하신 대로 자신이 누릴 수 있는 모든 특권을 포기하고 자신을 온전히 다른 사람들에게 헌신하고 있는 것이다. 발을 씻

김으로 복음을 전하는 영광스러운 사역에 말이다.

데이빗 목사님이 발을 씻겨줄 때 그들의 상처가 치유되고, 병이 낫고, 죄를 회개하며 주님을 영접하는 기적들을 보면서 주님이 왜 그를 세족사역으로 인도하셨는지 비로소 깨닫게 되었다.

또 다른 저자인 내가 존경하는 토미 테니 목사님은 하나님의 풍성한 임재를 누리는 예배자는 자연스럽게 주님의 긍휼의 마음을 갖고 섬김의 현장으로 나가게 되어 있다고 이 책에서 말한다. 그도 그럴 것이 하나님을 온전히 예배하지 못하는 사람이 어떻게 주변의 소외된 이웃에게 눈을 돌릴 수 있겠는가? 그동안 「다윗의 장막」, 「하나님의 관점」 등에서 열정적으로 하나님을 예배할 것을 강조해온 토미 목사님이 이젠 그 능력으로 세상에서 종의 마음을 갖고 섬기라고 도전한다. 열정적으로 하나님을 예배함으로, 그 풍성한 임재의 능력으로 종의 마음을 갖고 섬길 때에만 지치지 않기 때문이다.

이젠 우리가 정말 낮고 겸손한 마음, 종의 마음으로 서로를 섬겨야 할 때이다. 그때 우리에게 진정한 부흥이 올 것을 믿는다.

고형원 · 부흥한국 대표

추천의 글 3

'종'이 되어 위대한 인생을 꿈꾸라

사람이라면 누구나 당대에 영향력을 미칠 뿐만 아니라 후세에 이름을 남길 위대한 사람이 되고픈 마음이 있을 것이다. 나 또한 어린 시절 이순신 장군처럼 한 나라를 구하는 지도자가 되고 싶었고, "너는 꿈이 뭐니?"라고 물어오면 "대통령이요"라고 말하기도 했다. (그때 나는 항상 누군가를, 무언가를 다스리는 높은 위치의 사람이 되고 싶었다.) 세상의 어느 누구도 "저의 장래 희망은 '종'이 되는 것입니다"라고 말하지 않을 것이다. 그러나 그리스도를 믿는 우리들은 이미 '하나님의 종'이 되기로 자처한 사람들이다.

죄로 죽을 수밖에 없는 우리를 하나님의 자녀 삼아주신 그 큰 은혜에 감격하여, 우리는 자주 "주님을 위해 무엇이든 하겠습니다. 당신의 종이 되어 영원히 섬기겠습니다"라고 고백하곤 한다. 그러나 그 고백대로 살고 있는가. 정작 우리의 고집과 주장을 버리는 것은 쉽지 않다. 그런데 진정한 하나님의 종으로 살아가는 이들을 이 책에서 만나게 되었다.

토미 테니와 데이빗 케이프가 함께 쓴 「종의 마음」은 그동안의 우리의 섬김을 돌아보게 하고, 나아가 어떻게 섬길 것인가를 배우게 하는 귀한 책이다. 저자들은 위대한 인생을 향한 하나님의 비밀은 '종이 되는 것' 즉 수건을 두른 종의 낮은 위치로 가는 것이며, 종은 섬겨야 할 대상이 누구든 상관하지도, 대가를 바라지도 않으며 오직 기쁨과 위엄으로 그 일을 감당해야 한다고 말한다.

특히 「종의 마음」은 데이빗 케이프 부부가 나무십자가와 대야를 들고 길을 걷다가 주님이 사랑하시는 사람들을 만나면, 순종함으로 그들의 발을 씻기며 주님께로 인도하는 독특한 종의 모습을 소개하고 있다. 발을 씻기는 것이 하찮게 보일지라도 그들은 주님의 음성에 즉시 순종했고, 그들이 겸손히 꿇어앉아 사람들의 발을 씻길 때, 많은 이들의 병이 치유되고 가정이 회복되는 등 놀라운 기적들이 일어났다. 책을 다 읽은 후에도 그 감동적인 장면들은 내 머릿속에서 떠나지 않는다.

"하나님께서 원하시는 곳에서, 하나님이 원하시는 일을 하고 싶습니다"라고 고백하며 믿음으로 행동할 수 있는 사람이 되고 싶다면 데이빗 케이프 부부의 섬김을 「종의 마음」에서 만나보길 바란다.

권 준 · 시애틀 형제교회 담임목사

추천의 글 4

섬김은 '불붙는 것' 이다

「종의 마음」은 실로 감동적인 책이며 하나님의 역사가 생생하게 일어나는 책이다. 나는 읽는 내내 눈시울이 적셔져 몇 번이나 읽기를 멈추어야 했다.

이 책에서 토미 테니의 섬김에 대한 통찰력과 데이빗 케이프의 섬김의 삶은 완벽한 조화를 이루어 우리에게 축제와도 같은 섬김의 삶을 도전한다. 특히 주님 안에 있는 종의 마음에 불붙으면 우리는 말릴 수 없는 섬김이가 된다는 사실도 배우게 된다.

성공적으로 목회를 하던 데이빗 케이프는 어느 날 나무십자가와 대야를 메고 돌아다니면서 사람들의 발을 씻는 사역을 하라는 주님의 음성을 듣는다. 그러나 그는 아무런 토를 달지 않고 주님의 부르심에 순종한다. 그 사역은 주님이 가라고 하시는 곳으로 가서 십자가와 대야, 물탱크, 접이식 의자를 짊어지고 사람들의 발을 씻겨주는 것이다. 당신은 주님께서 이런 사역을 하라시면 감당할 수 있겠는가? 그러나 그의 온 가족은 그렇게 했다. 돈 한 푼 없이.

주님은 그를 세계 도처로 보내셨다. 그는 내전 중인 소웨토, 수단, 전쟁 중인 이라크, 화산재로 뒤덮인 서인도제도의 몬세라섬, 이슬람지역인 터키 등을 다녔고, 창녀에서 나병환자, 알코올과 마약중독자, NBA선수에 이르기까지 오직 발을 씻겨주기 위해 어디든 나아갔다. 사실 고작 발을 씻기기 위해 그렇게 고생을 해야 할까 하는 생각이 들 정도이다.

그러나 주님은 그가 발을 씻기는 그 현장을 놀라운 치유와 기적의 현장으로 만드셨다. 그가 발을 씻겨주며 위로할 때 수많은 영혼들이 주님을 영접하고 그들의 짐을 십자가 앞에 내려놓았다. 이런 사역을 무려 20여 년째 멈추지 않고 해오는 데이빗 목사의 사역에 경외감을 갖게 된다.

우리는 우리가 주님을 섬기고, 주님이 사랑하라고 주신 이웃을 섬긴다고 생각한다. 하지만 우리의 섬김의 정신과 태도가 과연 하나님의 마음에 합한 것일까 하는 질문을 이 책을 읽는 내내 하게 되었다. 종의 낮은 마음으로, 그러나 기쁨과 위엄을 갖고 아무런 대가 없이 섬기는 것은 진정으로 위대한 모습이다. 마찬가지로 데이빗 케이프 목사의 섬김이 깊은 감동을 주는 것은 그가 섬김을 '삶' 그 자체로 살아내고 있기 때문일 것이다. 우리는 섬김을 희생이라고 생각하지만, 그에게 섬김은 더 이상의 희생이 아니라 진정한 기쁨이며 기적의 통로였다. 섬김에 익숙하지 못한, 그리고 사랑을 나누지 못하는 우리 시대에 진정으로 필요한 책이다.

이찬수 · 분당 우리교회 담임목사

추천의 글 5

섬김의 영성

　　상하도치上下倒置의 관점은 하나님 나라와 이 세상이 어떻게 다른가를 보여주는 예수님의 독특한 세계관이다. 그러나 예수님을 믿으면서도 예수님의 방법을 따르는 사람은 별로 없다. 위대함은 섬김에서 오며, 칼이나 자리가 아니라 수건과 대야에서 온다는 사실을 예수님은 몸소 보여주셨는데 말이다. 예수님은 정말 중요한 교훈은, '쇼 앤 텔' Show & Tell 즉 보여주시면서 가르치셨다. 「종의 마음」은 우리에게 「다윗의 장막」, 「균형의 영성」으로 너무나 유명한 토미 테니와 전 세계를 누비면서 길 위에서 십자가와 대야를 가지고 섬김의 사역을 펼친 데이빗 케이프가 만나 오묘한 하모니를 이루는 탁월한 듀엣 작품이다. 이 책은 서로를 향한 섬김과 존중의 정신이 담겨있기 때문에 위대하다. 데이빗 케이프는 기이한 행동으로 행위설교를 했던 구약의 선지자 중 하나 같고 최춘선 할아버지와 같기도 하다. 그는 섬김의 위력을 여실히 몸으로 증명해 보이고 있다.

　　말씀과 적용. 서로 멀리 떨어져 살고 있는 두 저자가 각각의 다른 상황에서 체험적으로 전해 주는 진리는 너무나 생생하게 이 책에 살아 있다. 그것은 이천 년 전 예수님이 하신 것에 대한 변주이고, 우리가 동참해야하는 합창이다. 이 책은 당신을 위대하게 세우실 하나님의 계획을 알려주고, 섬김의 기쁨을 배울 수 있는 비밀스런 통로를 열어 줄 것이다.

섬김은 우리 안에 있는 예수님의 유전자이다. 이 책에 난 길을 걷다보면 진정으로 하나님 안에서 큰 자가 되어 나올 것이다. 위대한 삶을 꿈꾸는 모든 이에게 추천한다.

한기채 • 철학박사, 전 서울신학대학교 교수, 중앙성결교회 담임목사

「종의 마음」은 우리 주 예수 그리스도의 마음을 보여 줄 뿐 아니라 그의 제자들을 향한 주님의 소망을 보여 주고 있다.

— 빌 브라이트 • 국제 CCC 창시자

「종의 마음」은 지난 50년간의 영적 깊이를 담은 진정 위대한 책들 중 하나이다. 이 책은 때로는 통렬하게, 때로는 흥미롭게 다가와 당신의 인생을 놀랍게 변화시킬 것이다.

— 조이 도우슨 • 「하나님의 음성을 듣는 삶」 저자, 국제적인 성경교사

이 책은 그리스도의 사역의 정수를 담았으며 전 세계에서 복음을 증거하는 사람들의 본질을 담은 놀라운 책이다.

— 제랄드 코우테스 • 연설가이자 저자, 방송인

데이빗 케이프와 나는 15년 동안 지도자로 함께 섬겨왔다. 이제 당신은 이 책을 통해 '종의 마음과 삶'이 무엇인지에 대한 놀라운 그림을 보게 될 것이다. 이 책은 이론서가 아니라 강력한 전염성을 가진 삶의 방식이기 때문이다.

— 토니 핏제랄드 • 국제열방교회 팀리더

이 책은 전달하고자 하는 메시지를 그대로 표현한 것이다. '섬김의 삶'에 대해 강력하게 도전하기 위해 두 분의 귀한 하나님의 사

역자들이 서로를 섬겼기 때문이다.

— 로저 포스터 • 익수스크리스천펠로우십처치 담임목사

「종의 마음」은 세속적인 성공을 추구하던 얄팍한 삶에서 섬김을 통해 성공하는 놀랍도록 자유로운 삶의 방식으로 우리를 인도한다! — 프랭크 레이드 3세 • 벧엘A.M.E.처치 담임목사

주의 : 혁신적인 변화를 꿈꾸는 사람들만 과감하게 이 책을 읽으라! — 스티브 호그렌 • 빈야드커뮤니티처치 초대목사

들어가는 글

종의 마음으로
십자가의 능력을 보이라

창조주는 태어날 때부터 우리 신체의 모든 세포 안에 '섬김의 정신'을 심어놓았다. 신체의 모든 세포는 각자의 DNA를 공유하고 있지만 동시에 각 세포는 몸 전체의 유익을 위한 특별한 목적을 위해 고유한 기능을 한다. 어떤 세포들은 집단을 형성해서 전문화된 기능으로 몸을 섬기는 재능을 발휘하기도 한다. 이것을 간, 눈, 심장, 뇌와 같은 기관이라고 한다. 거시적인 관점에서 보면 모든 몸의 기관은 다른 기관과 세포들의 '이타적인 섬김'에 긴밀하게 서로 의존하고 있다. 이 이타적인 섬김이 없다면 생명은 멈추고 만다. 우리가 간과하는 것 중에 반드시 깨달아야 하는 것이 이것이다. 그리스도의 몸된 교회도 동일한 상호의존을 통해 기능하기 때문이다.

우리가 섬김에 관하여 이 책을 공저하는 것을 주님이 원하신다고 인정했을 때, 우리는 각자의 독자적인 능력으로 이 일을 했을 뿐 아니라 서로에게 있는 고유의 능력을 인정하면서 이 일을 했다. 우리가 이 책을 통해 당신을 섬기기 위해 저자인 우리가 먼저 서로를 섬겨야 했다. 당신은 각 장에서 두 개의 전혀 다른 문체와 두 개의 전혀 다른 사역 방법론을 만나게 될 것이다. 그래도 좋은 것은 이것이야말로 하나님께서 그분의 '많은 지체'로 이뤄진 몸 안에서 어떻게 일하시는지를 보여주는 작은 그림이기 때문이다.

우리는 둘 다 하나님의 말씀을 증거한다. 그러나 서로 매우 다른 방식으로 증거한다. 우리 둘 다 몇 년간 교회를 목회해왔다. 하지만 매우 다른 환경 속에서 해왔다. 우리는 각자 바쁜 사역 일정 속에서 움직인다. 게다가 지구상의 정반대편에서 주로 움직인다. 우리를 만나게 하신 분은 하나님이셨고 우리의 마음과 메시지를 연결시킨 것은 '섬김의 능력'이었다. 그래서 우리는 한 가지 목적으로 이 책을 쓰게 되었다. 그 목적은 당신이 섬김의 능력으로 당신의 사명을 완성하고 위대함에 이르는 비밀을 발견하도록 돕는 것이다.

우리가 당신에게 요구할 한 가지가 있다면 이것이다. 이 책을 읽고 난 뒤 먼지 덮인 서가에 꽂아두지 말라. 도리어 성령께서 당신의 삶을 섬김의 능력으로 변화시키셔서 우리가 말씀에 근거하여 나눈 것들을 실천에 옮기도록 하라. 그리고 이 책을 다른 이들에게도 전해주어 우리가 그들도 섬길 수 있게 하라.

기억하라. 섬김에는 능력이 있다. 섬김의 비밀은 언제 성령의 검을 꺼내고, 언제 섬김의 수건을 펼칠 것인가를 분별하는 지혜 안에 있다. 이것이 십자가의 길이고 빈 무덤의 비밀이며 보좌에 앉으신 만왕의 왕의 빛나는 영광이다. 섬김의 삶을 통해 당신에게 축복이 임하기를 예수님의 이름으로 기도한다.

토미 테니, 데이빗 케이프

감사의 글

우리 친구이자 편집자인 래리 워커에게 감사한다. 그는 캔버스를 펼쳐놓고 우리 두 사람의 독특한 소명을 한 데 엮어 하나의 직물을 짜내는 것처럼 명쾌한 작품을 만들어냈으며 그 작품은 창조주 하나님을 영화롭게 드러내는 결과가 되었다. 래리의 지칠 줄 모르는 열정과 탁월함은 의무감을 훨씬 넘어선 것이었다.

차 례

- 추천의 글
- 들어가는 글
- 감사의 글

01 올바른 무기를 잘못된 영역에서 사용하고 있다 … 23
성령의 검인가, 섬김의 수건인가!

02 하나님의 임재는 반드시 변화를 일으킨다 … 33
'지붕 위 증후군'에서 깨어나라

03 섬김의 정신은 배우는 것이 아니라 불붙는 것이다 … 58
하나님의 열심이 당신을 삼키게 하라

04 위엄과 기쁨을 가지고 섬기라 … 86
종의 마음으로 섬기되 섬김의 몫을 따지지 말라

05 섬김은 능력의 문제가 아니라 마음가짐의 문제다 … 117
존재 자체로 섬기라

06 섬김의 능력과 반짝이는 구두의 중요성을 이해하라 ··· 144
당신의 검을 내려놓고 수건을 두르라

07 예수님의 초자연적인 시력으로 보라 ··· 163
종의 눈을 가지라

08 눈으로 경청하고 귀로 주시하라 ··· 198
하나님의 초자연적인 계획을 감지하라

09 사람의 실망을 하나님의 소망으로 변화시켜라 ··· 221
하나님의 목표와 임재에 접착제처럼 붙어있으라

10 예측한 일을 준비하며 섬기라 ··· 258
영적 민감함으로 탁월한 예측가가 되라

11 기름부으심의 누수현상을 막아라 ··· 279
'매일 섬김'에 이르는 일곱 가지 열쇠 S·E·R·V·A·N·T로 섬기라

• 역자후기

01
올바른 무기를
잘못된 영역에서 사용하고 있다
성령의 검인가, 섬김의 수건인가!

⚜ 토 미 가 말 하 다 ⚜

"강한 자가 무력으로 빼앗는다"는 말씀을 하실 때 예수님은 하나님의 나라를 위한 영적 전쟁을 언급하신 것이었다_눅11.22_. 그것은 이웃의 집을 빼앗거나 교회 성가대의 솔리스트 자리를 차지하려는 정도의 싸움이 아니다! 우리는 올바른 무기를 들고 있지만 잘못된 전쟁터에 서 있을 수 있다. 개척시대의 미국 서부에서는 교회나 공공기관에 들어갈 때 문 앞에서 권총을 내려놓는 것이 상식적인 예의였던 것처럼 우리는 동료 기독교인이나 비기독교인에게도 동일하게 그들 앞에서 우리의 '검'을 내려놓고 '섬김의 수건'을 드는 법을 배워야 한다. 우리가 올바른 무기를 들고 있을지라도 잘못된 영역에서 그것을 사용한다면 당연히 전쟁에 패하고 만다!

성경은 말씀하고 있다.

> "우리의 싸우는 무기는 육신에 속한 것이 아니요 오직 어떤 견고한 진도 무너뜨리는 하나님의 능력이라 모든 이론을 무너뜨리며" 고후 10:4.

우리가 사탄의 견고한 진을 파하기 위해 강력한 무기를 사용하는 것은 적절하고 합당한 일이다. 그러나 적합하지 않은 환경에서 사용되는 살상용 무기는 속담처럼 '찬장 안에 황소가 들어간 격'이 되고 만다. 엄청난 파괴를 초래한다.

천상의 영역에서 선택할 수 있는 무기는 의심의 여지없이 '성령의 검'이다 엡 6:17. 그러나 지상의 영역에서 선택할 수 있는 무기는 '섬김의 수건'이다. 두 종류의 무기 모두 효과가 있다. 그러나 각자 바른 영역에서 사용될 때에만 효과가 있다.

크리스천들은 종종 주님의 칼을 들고 방어적인 자세를 취하며 (때로는 공격적인 자세를 취하기도 한다) 분노하고 두려워하며 비판하면서 칼을 휘두른다. 그러는 동안 그리스도의 몸된 교회를 갈갈이 찢어놓는다. 제자들이 한때 나뉘어서 다

툴 때 예수님이 최후의 만찬석에서 그들에게 "나를 기념하라"고 말씀하셨던 것을 기억하는가? 고전 11:24-25 지상에서 칼을 휘두르면 분할하고 '나누는' 경우가 많다. 그러나 지상에서 수건을 두르면 '합체' 시키는 경우가 많다! 섬김은 강제로 나누인 것들을 다시 모으는 힘이 있다.

십자가상에서 구원받은 강도의 말을 기억할 때마다 우리가 세상의 '비천한 죄인들'을 얼마나 빨리 판단하며 거절해 버리는지 모르겠다. 그 강도는 예수님에게 자기를 기억해 달라고 했다 눅 23:42. 그는 예수님이 천국에 이르셨을 때 자신에 대해서 생각해 달라고 말한 것이 아니다. 그는 진정 예수님과 함께 하기를 원했다. 그의 말을 다르게 표현한다면 이런 말이 될 것이다.

"나를 다시 붙여 주십시오. 내가 속한 곳으로 날 이끌어주십시오. 나를 일원으로 받아주십시오."

일원으로 받아주는 과정을 성경적인 용어로 '접붙인다'고 표현한다 롬 11:17-24. 주님이 포도나무요 우리가 가지라면 우리는 다시 붙여져야 한다 요 15:5. 우리가 하나님의 '양날선 검'을 오용하는 것은 예수님이 겟세마네 동산에서 체포되실 때 베드로가 대제사장의 종에게 칼을 휘두른 것과 같다 히 4:12. 내가 보기에는 베드로가 그저 말고의 귀를 자르기 위해 칼을 휘두른 것 같지는 않다. 대제사장의 종이 재빠르게 피하지 않았다면 큰일

났을 것이다. 0.1초라도 늦었다면 주님께서 그의 오른쪽 귀를 다시 붙여주시는 대신 그의 머리를 다시 붙이는 엄청난 기적을 행하셔야만 했을 것이다 요 18:10 ; 눅 22:50-51.

하나님은 우리가 입힌 손해를 늘 복구하신다

우리가 지상의 영역에서 닥치는 대로 칼을 휘두를 때마다 하나님은 우리가 입힌 손해를 늘 복구하셔야 한다. 반면 천상의 영역에서 어둠의 권세나 능력을 향해서 섬김의 수건을 사용하는 것은 바보 같은 짓이다. 영적 전쟁의 영역에서는 하나님의 말씀의 검과 주님의 이름만이 능력을 발휘할 것이다. 광야에서 전쟁이 일어났을 때 예수님은 사탄에게 "기록되었으되"라고 말씀하셨다 마 4:4. 천상의 영역에서 수건을 사용하려고 한다면 그는 곧장 사탄에게 굴복하게 될 것이다. 사탄은 수건을 두려워하지 않기 때문에 수건을 사용하려는 미숙한 군사들의 무지를 재빠르게 이용할 것이다.

때로 무기가 영향력을 갖는 것은 무기를 보여줌으로 배후에 더 큰 힘을 가진 권세가 있음을 의미하기 때문이다. 로마 병정이 휘두르는 칼이든, 21세기에 법을 집행하는 경관이 쏘는 총이든 간에 살상 가능 무기를 보이는 것만으로도 무법자들과 폭도들의 문제를 해결하기에 충분할 때가 많다.

크리스천이 예수님의 이름을 언급하기만 해도 사탄은 '소리없이' 물러날 것이다. 왜 그런가? 예수님께서 그분의 이름을 천상에서 능력의 무기로 우리에게 주셨기 때문이다. 지혜로운 신자의 병기고에서 예수님의 이름은 한순간에 수만 명의 천사들을 풀어놓을 수 있으며 바로 그 자리에서 하나님의 임재의 영광을 보일 수도 있다. 그렇기 때문에 예수님의 이름은 어두움의 능력과 권세들 사이에서는 두려움이 된다.

"지상에서는 칼을 사용하지 말라."

이 핵심적인 교훈을 배우는 것이 매우 중요하다. 칼은 그리스도의 몸된 교회를 나누고 찢는다. 칼은 사탄과 그의 앞잡이들에 대해서만 사용하는 것이다.

섬김에 대한 나의 이해도는 다년간의 실제적 경험들에서 나온 것이지만 이 책의 공저자인 데이빗 케이프가 하나님의 인도하심 가운데 경험한 '실제'와는 비교되지 않는다. 처음 데이빗을 만났을 때 나는 그의 샘솟는 기쁨에 놀랐다. 그는 언제나 행복해 보였다. 그리고 그가 섬김의 위엄과 기쁨을 발견하게 된 이야기들을 해 줄 때는 세상에서 가장 행복한 사람으로 보였다. 그의 인생이 우리에게 가르쳐 주는 것은, 겸손을 표현하고 연합을 이루는 당신의 능력이 아무리 큰 것일지라도 '종의 마음'을 갖는 것보다 클 수 없다는 사실이다.

십자가와 세족 대야를 들고 떠난 전도여행

　데이빗 케이프의 놀라운 이야기가 이 책 곳곳에 등장한다. 하나님은 1988년 데이빗을 붙잡으셨고, 남아프리카의 요하네스버그에서 성공적으로 하던 목회를 내려놓도록 하셨다. 그해 10월, 그는 십자가와 세족 대야를 들고 섬김의 전도여행을 떠난다. 이 전례 없는 여행을 통해 그는 전 세계의 수많은 나라들로 인도함을 받는다. 여행의 시작은 남아프리카의 흑인들이 300만 명 정도 살고 있는 소웨토라는 도시였다. 당시 이 도시는 남아프리카의 인종차별정책이 끝나기 전 소요와 폭동이 절정에 달한 시기였다. 이때는 그 무시무시한 '목걸이 살인'의 시대라고 불렀다. 왜냐하면 성난 군중들이 희생자들의 목에 기름을 가득 부은 자동차 타이어를 두른 후에 불을 질렀기 때문이다.

　데이빗이 소웨토에 도착하자마자 갱단들이 길 한복판에서 그들을 포위했고 무슨 일을 하는 것이냐고 윽박지르기 시작했다. 그러나 데이빗의 온유한 심령과 종의 마음은 그들의 증오를 누그러뜨렸고 그들 한 사람 한 사람을 예수님께로 인도했다. 또한 그들 중 한 사람이 이 여정의 첫 번째 동반자가 되어 섬김의 은밀한 능력을 보여주게 되었다.

　나는 이토록 귀한 하나님의 사람과 함께 이 책을 쓰게 된 것이 얼마나 감격이고 축복인지 모른다. 우리의 목표는 우리가 싸우는 싸움의 무기들에 대해 핵심적이면서도 자주 간과되어 온 원칙들을 설명해 내는 것이다.

수건은 하나님이 지상에서 선택하시는 무기이다. 의심의 여지없이 이 무기야말로 지상에 하나님의 영향력을 드러내는 진정한 근원이다. 우리의 주님이 수건을 두르셨고, 세상에서 그 누구보다도 가장 위대한 지도자가 되셨다. 수건은 종이 사용할 수 있는 유용한 도구다. 그러나 주님은 이 수건을 종이라는 직업적인 상황에 있는 사람들에게만 한정하지 않으셨다. 주님은 제자들과 장래 교회의 사도들에게 이렇게 말씀하셨다.

"너희 중에 큰 자는 너희를 섬기는 자가 되어야 하리라" 마 23:11.

겸손과 섬김의 마음은 이 세상의 그 어떤 권위보다도 더 강력하게 원수의 세력을 지상에서 정복해 내는 힘이 있다.

수건의 비밀한 능력

이미 말했듯이 많은 이들이 오해하는 것이 이것이다. 지상에서 진정한 권세를 갖는 비밀은 검이 아니라 수건이다. 수건이야말로 세상의 적을 대할 때 우리가 선택해야 할 제1의 무기이다. 그러나 사람들을 통해 역사하는 정사와 권세에 대해서는 검을 사용해야 한다.

예수님은 그 사람 당사자를 절대 공격하지 않으셨다. 예수님은 그 사람 배후에 있는 세력에 직접 대응하셨다. 예수님이 베드로에게 말씀하셨다.

> "사탄아 내 뒤로 물러 가라 너는 나를 넘어지게 하는 자로다 네가 하나님의 일을 생각하지 아니하고 도리어 사람의 일을 생각하는도다" 마 16:23.

주님은 베드로 뒤에서 그를 움직이는 진짜 배후에게 직접 말씀하셨다. 주님은 사탄의 거짓말을 향해 하나님의 칼을 휘두르셨다. 하지만 베드로는 전혀 상하게 하지 않으셨다.

베드로와의 사건에서 드러난 주님의 행동은 히브리서 말씀에 잘 표현되어 있다.

> "하나님의 말씀은 살아 있고 활력이 있어 좌우에 날선 어떤 검보다도 예리하여 혼과 영과 및 관절과 골수를 찔러 쪼개기까지 하며 또 마음의 생각과 뜻을 판단하나니" 히 4:12.

예수님은 죄인들을 결코 책망하지 않으셨다. 그러나 종교적인 사람들을 통해 역사하는 위선의 영이 드러나면 단칼에 베어내셨다. 주님은 종교적인 사람들의 자기 의와 행위를 책망하는데 빠르셨던 반면 우리들은 죄인들을 책망하는데 빠르다. 이것이 하나님의 말씀의 검을 잘못된 영역에서 사용하는 예가 된다. 주님은 죄인들에게는 종이 되어 섬겨 주셨지만 인간 속에 역사하는 더러운 영들에 대해서는 왕으로 다스리셨다. 이 차이점을 깨닫는 것이 중요하다.

사람들은 우리의 적이 아니다. 하나님이 우리를 보내신 것은 주님이 우리를 섬기셨듯이 사람들을 섬기게 하기 위함이다. 이제 칼집에 우리의 검을 꽂아 넣고 수건을 들어야 할 때이다. 수건은 지상에서 예수님이 선택한 상징이다. 주님은 "오히려 자기를 비어 종의 형체를 가져 사람들과 같이 되셨다"[빌 2:7]. 하나님의 아들이 수건을 허리에 두르고 제자들의 발을 씻겨 모두의 종이 되셨다. 이것이야말로 우리의 모범이며 진정한 위대함의 근원이다.

우리 주님이 수건을 선택하셨다면 우리도 수건을 선택해야 할 때가 아니겠는가. 진정으로 하나님의 뜻이 하늘에서 이룬 것 같이 땅에서도 이뤄지기를 원한다면 우리는 자신의 종교적인 껍데기를 벗어버리고 우리 자신을 겸허히 낮춰야 한다. 우리 주변 사람들의 필요를 채워주는 종이 되어야 한다. 우리가 지혜롭게 천상의 영역에서는 검을 사용하고 지상의 영역에서는 종의 수건을 사용하는 일에 나선다면 우리는 지옥이 둘로 쪼개지는 것을 볼 것이다! 사탄의 어두운 영역이 무너지고 지옥문이 부서지는 것을 볼 것이다! 그리고 주님의 몸은 다시 연합하게 될 것이다!

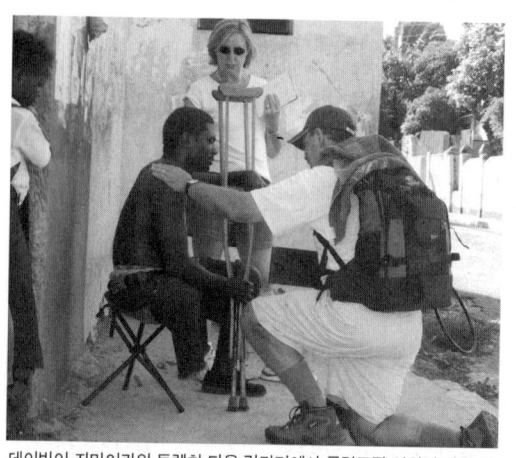

데이빗이 자마이카의 트렌치 타운 길거리에서 폭력조직 일원의 발을 씻기고 있다. 그는 폭력조직 안에서 다리가 잘려지는 사고를 당했다. 데이빗이 발을 씻기는 동안 그의 아내 캐롤이 중보하고 있다.

02

하나님의 임재는
반드시 변화를 일으킨다

'지붕 위 증후군'에서 깨어나라

❦ 토 미 가 말 하 다 ❦

전 세계의 수많은 크리스천들이 베드로의 '지붕 위 증후군'에 빠져있다. 우리는 자신만의 '지붕 위' 예배 체험에 너무나 몰입되어 있는 나머지 그 자리를 떠나 하나님의 임재의 능력을 가지고 길을 잃은 사람들의 거리와 세상 속으로 들어가려 하지 않는다.

사도행전을 보면 베드로가 욥바에 있을 때 지붕 위에서 하늘의 환상을 본다. 그가 지붕에 앉아 환상의 의미가 무엇인지에 대해 생각할 때 성령이 그에게 말씀하신다.

"두 사람이 너를 찾으니 일어나 내려가 의심하지 말고 함께 가라 내가 그들을 보내었느니라 하시니" 행 10:19-20.

하나님은 '복음'이라는 하나님의 임재의 계시가 지붕 위에서 길거리로 나가기를 원하신다. 우리가 다니는 교회 주변에도 직장 안에도 얼마나 많은 사람들이 복음을 접하지 못한 채 살아가고 또 일하고 있는가. 영적으로 말하자면 그들은 우리의 문을 두드리며 말하고 있는 것이다.

"배가 고픕니다. 우리는 상처를 입었고 결핍되어 있습니다. 우리를 도와주실 분 없습니까?"

그럴 때 우리는 이렇게 대답한다.

"미안해요. 저는 지금 환상을 보는 중이에요."

베드로처럼 하나님의 임재의 환상을 본 사람은 그것을 들고 길거리로 나가는 것이 사명이라는 점을 우리는 망각하고 있다.

우리는 하나님의 임재하심이 변화와 결단을 일으키도록 허락하지 않는다. 그러니 그분의 메시지가 힘을 잃어버리는 것은 당연하다. 분명한 것은 베드로가 '지붕 위 증후군'에 심각하게 빠져 있었다는 점이다. 본문을 읽어볼 때 그는 그 환상이 요구하는 바를 실천하는 것보다 환상 체험으로 인한 영적 기쁨을 체험하고 그로 인해 사람들에게 인정받는 것을 더 선호

했던 것이다. 사도 바울이 베드로를 공개적으로 책망한 적이 있다. 베드로가 종교적으로 편향된 관점을 가진 친구들의 무리에 편안하게 머물러 있었기 때문이다. 당시 베드로는 교회 문화로 봐서는 전혀 달갑지 않은 사람들이지만 그들에게 다가가 하나님의 사랑을 전해야 했는데 그렇게 하지 않았기 때문이다.

우리도 베드로와 같을 때가 있다. 하나님을 예배하는 일에 오로지 집중하면서 "너희는 온 천하에 다니며 만민에게 복음을 전파하라"막 16:15는 그리스도의 명령은 외면한다. 우리는 성령의 임재에 깊이 잠기고 싶은 열망 때문에 성령 충만하여 "예루살렘과 온 유대와 사마리아와 땅 끝까지 이르러 내 증인이 되리라"행 1:8는 그분의 명령을 회피하고 만다. 하나님의 가장 원대한 목적은 교회들을 성장시키는 것이 아니라 예배자들을 모으는 것이다.

예수님은 물러나 기도하셨고 온종일 사역하셨다

이 땅에서 사역하셨던 주님만큼 아버지의 임재를 사모하고 사랑했던 분은 없다. 주님은 자주 기도하셨지만 또한 아버지와의 친밀함의 열매를 매일같이 드러내 보여주셨다. 주님은 한적한 곳으로 물러나 기도하시며 아버지의 얼굴을 구하셨다. 하지만 주님은 하루도 빠짐없이 상처받은 사람들의 무리 가운데로 들어가셨다. 때로 자신을 공격하는 자들이 그곳에 기다리고 있음을 알 때도 그리 하셨다.

예수님은 무리들을 외면하실 수 없었지만 때로는 그들로부터 물러나셨다. 주님은 목자가 자신의 양무리를 사랑으로 응시하듯이 상처받은 사람들을 바라보셨다 마 9:36. 그래서 주님은 자식의 장례행렬에서 울고 있는 어머니를 그냥 지나치실 수 없었던 것이다 눅 7:11-15.

때로 주님은 의도적으로 병자 곁을 지나치셨다. 하지만 그런 경우는 주변에 있는 사람들의 끊임없는 필요들보다 우선하는 하나님의 명령이 있을 때였다. 주님이 베데스다 연못에 누워있는 병자를 치료하셨던 것이 바로 그런 예이다 요 5:2-9. 예수님은 하나님의 긍휼로 인해 마음이 움직이셨다. 아버지의 강한 임재가 주님을 심령 깊은 곳으로부터 움직이셨다.

예수 그리스도의 복음은 실제적인 것이다. 그것은 '당신이 무엇을 하는가'에도 관련이 있지만 당신이 '누가 되는가'에도 관련이 있다. 선행이 당신을 천국으로 인도하지 못한다. 그러나 당신이 예수님의 새 생명을 얻으면 당신 평생에 주님이 하셨던 일들을 당신도 하게 될 것을 주님은 알고 계신다. 이것은 영역의 문제다. 하나님의 사람은 하나님의 일을 하게 된다. 그렇지 않다면 그는 하나님의 사람이 아닐 것이다.

설교할 수 없다고요? 그래요, 그러나 세 살짜리 아이들에게 예수님을 소개해 줄 수는 있죠?

당신이 죽은 자를 일으킬 수는 없을지라도 병든 자를 위로할 수는 있다. 눈 먼 자의 눈을 뜨게 할 수는 없을지라도 가난한 고아의 학비를 한번쯤 도와줄 수도 있고, 병든 이웃에게 음식을 마련해 줄 수도 있다. 당신이 거리에서 복음을 전하거나 수천 명의 회중 앞에서 말씀을 선포하도록 부름을 받지 않았을지라도 주일학교 세 살반 아이들에게 예수님이 그들을 사랑하신다고 가르칠 수는 있다.

다른 사람을 섬기는 일은 하나님의 마음에 가까이 가는 것이고 또 사랑받는 것이다. 당신의 기름부으심을 다른 사람들에게 '전달' 하기 시작한다면 당신은 하나님의 반응에 놀라게 될 것이다. 다른 사람을 섬기는 과정에 기적도 체험하게 될 것이다! 하나님의 임재는 스데반을 기름부음 받은 섬김이로부터 거리에서 기적을 행하는 사람으로 변화시키셨다 행 6:2-6,8.

나는 하나님의 친밀한 임재 속에서 경험하는 감격을 사모하고 또 소중히 여긴다. 하지만 영혼을 구원하는 복음 증거자로의 본래적인 소명과 열정에는 변함이 없다. 내가 가장 소원하는 것은 교회가 하나님의 임재라는 강력한 변화의 힘을 온 세상의 거리와 도시 속에 풀어놓는 것이다. 나는 「다윗의 장막」이라는 책에서 이것을 소개한 적이 있다.

"우리는 하나님이 교회에 임하실 때 어떤 일이 일어나는지 안다. 하지만 하나님이 도시에 임하실 때 어떻게 되는지는 아직 본 적이 없다!" 「다윗의 장막」 192쪽

하나님은 건물들을 사랑하시는 것이 아니다. 하나님은 자신이 창조한 사람들과 친밀한 교제가 이뤄지지 못하도록 방해하는 것들을 미워하신다. 그럼에도 대부분의 크리스천들이 수십 만 개의 지역교회들 안에 조용히 숨겨져 있다. 주님은 지금도 찾고 계신다. 잃어버린 자들을 찾아서 섬기고 구원하는 주님의 사명을 자신의 사명으로 받아들일 사람들을 찾고 계신다. 하나님은 우리가 예배당의 사면 벽과 첨탑을 넘어서서 그분의 빛을 들고 어둠 속으로 들어가는 모험을 하기 원하신다. 우리가 하나님의 자비와 사랑의 손길이 되어 하나님을 알지 못하는 사람들에게 다가가기를 원하신다.

데이빗 케이프가 그동안 해온 놀라운 섬김의 여정은 우리가 섬김이로 부름받은 소명을 실제적으로 검증해 주고 있다.

그들은 수건과 십자가 그리고 대야를 들고 전국을 돌았다

1장에서 언급했던 것처럼 데이빗은 남아프리카 공화국의 요하네스버그에서 한 교회를 담임하고 있었다. 그때 주님이 그에게 '종'이라는 단어를 말씀하셨다. 그 한 단어의 의미와 목적을 알아가는 과정에서 데이빗과 그의 아내 캐롤은 지역교회를 사임한 후 수건과 십자가를 매고 십자가의 교차 부분에는 나무대야를 걸고 전국을 돌기 시작했다.

데이빗이 십자가와 대야를 지고 걸어가는 동안 캐롤과 아이들은 차를 타고 그 뒤를 따랐다. 그것도 차를 타는 것이 가능한 지역에서만. 이 글을 쓰고 있는 지금도 세계 어디에선가 계속되고 있는 그의 사명은 자신이 여행에서 만나는 그 누구의 발이라도 씻겨주는 것이었다.

여정은 남아프리카 공화국의 북동쪽인 소웨토 인근에서 시작되었다. 그곳은 요하네스버그 남서쪽에 위치한 도시로서 폭력이 난무하는 곳이었다. 그는 남아프리카 공화국의 남서쪽 경계에 위치한 케이프타운에 이르기까지 사람들의 발을 씻기면서 여정 내내 수많은 기적들을 체험했다. 그의 여정은 뉴욕에서 LA까지도 동일하게 재연되었다. 그는 거의 20kg에 해당하는 장비들과 물을 등에 지고 도보로 이동했다.

낯선 사람에게 다가가 발을 씻겨주겠다는 것 자체가 대부분의 사람들에게 생소하고 불편하게 들린다. 하지만 데이빗 케이프에게는 마음의 무장을 해제시키는 능력이 있어서 창녀들과 대통령들과 빈민들을 설득하여 그의 나무대야에 발을 담게 하였다. 분명 그가 그 나무대야에 흘린 수많은 눈물 속에는 놀라운 비밀이 담겨 있다.

낯선 자들의 발을 씻기겠습니까?

케이프 부부는 하나님의 이상한(?) 부르심에 순종하여 초자연적인 섬김의 사역을 감당하였고 하나님의 긍휼은 그들을 통해 모든 도시들을 만지셨다. 그들의 순종과 섬김이 나라를 변화시키게 되었고 국제적인 사역을 태동시켰다. 무엇보다 이 기적들은 강단에서 시작된 것이 아니라 길거리의 대야와 수건에서 시작되었다. 데이빗이 무더운 날 더러운 길가에서 무릎을 꿇고 낯선 사람들의 발을 씻길 때 바로 이 기적들이 시작된 것이다.

데이빗과 나는 동역하기로 결정했다. 10년 넘게 여러 대륙에서 발을 씻기며 말씀을 가르쳐온 사역에서 얻게 된 그의 통찰력과 나의 마음을 모아보기로 한 것이다. 그의 이야기와 설교와 메시지는 결코 설교단에서 나온 것이 아니다. 우리가 어떻게 섬겨야 할 것인지 세 가지 포인트의 대지 설교를 하는 그런 것이 아니다. 그는 죄인에게도 성자에게도 동일한 긍휼의 마음을 나누었다. 그 마음 때문에 그는 수많은 나라들을 횡단했고 대야 앞에 무릎을 꿇어 섬길 수 있었다. 자신의 발은 아프고 자신의 손은 대야에 손을 담는 순간 더러워지지만 그는 사람들의 발과 영혼을 씻긴다.

그것은 단지 물과 수건으로 설명할 수 있는 행동이 아니다. 하나님은 이러한 종의 섬김 위에 능력을 부어주고 계신다. 데이빗이 사람들의 발과 영혼을 닦으며 섬길 때 하나님의 긍휼과 자비와 은혜가 그들의 발과 영혼을 닦으시는 것이다. 성령의 능력이 그 종의 손길을 통해 흘러가서 그가 만난 모든 근심 어린 나그네들의 상처와 아픔, 그리고 거절감을 씻어내신다.

이것이 중요한 점이다. 하나님의 사랑의 메시지를 우리가 설교하는 것이 중요한 것이 아니라 그렇게 살고 행하는 것이 중요한 것이다. 아시시의 성 프란시스는 이런 말을 했다고 한다. "항상 설교하라. 굳이 필요하다면 언어를 사용해서."

데이빗과 그의 아내 캐롤 케이프는 소웨토에서 시작한 여정이 케이프타운에서 마칠 때 하나님께서 그들에게 원하시는 것이 더 있음을 깨달았다. 이후로 데이빗은 걸프전이 한창일 때 십자가와 대야를 들고 사람들의 발을 씻기기 위해 쿠르드족의 땅에서 시작하여 이라크에 이르는 여정을 시작한다. 다시 한 번 하나님은 초자연적인 힘으로 그를 보호하셨고 전쟁의 양편에 있는 사람들에게 섬김의 능력을 보여주셨다. 그들이 무슬림이든 크리스천이든 유대인이든 그것은 중요하지 않았다. 하나님의 긍휼은 그를 감동하여 수단의 버려진 땅으로 다시 그를 데리고 가셨다. 그곳은 수년간의 기근과 해결되지 않는 기아와 종족간의 끊이지 않는 전쟁으로 수백 만 명의 사람들이 생사의 기로에 서 있는 땅이었다.

데이빗이 십자가와 대야를 들고 여행할 때 가장 힘들었던 지역 중에 하나가 바로 화창한 캘리포니아의 태평양 연안을 따라 이동했던 미국이다. 그는 여러 차례 하나님의 임재의 능력과 변화의 힘이 필요함을 느꼈다. 왜냐하면 이곳은 사람들이 자기만족을 추구하는 안일한 문화에 가득 젖어있는 곳이기 때문이다.

※ 데이빗이 말하다 ※

캐롤과 나는 하나님께서 우리에게 십자가와 대야를 들고 캘리포니아 연안을 따라 북쪽으로 여행하라는 분명한 말씀을 주셨을 때 그것이 가장 강력한 도전임을 알았다. 우리는 이번 여정이 긴 여로가 될 것도 알았고 재정과 믿음이 상당히 필요할 것임도 알았다. 하지만 우리는 이 여정이 얼마나 힘들지는 전혀 예상하지 못했다.

우리는 이 여행을 준비하면서 수주 동안 영적인 공격을 받았다. 하지만 결국 나는 캘리포니아 남단 샌디에고의 멕시코 국경에서부터 길을 걷기 시작했다. 우리는 일주일 동안 트레일러_{자동차로 끌고 다니는 이동주택}에 머물 정도의 돈 밖에 없었다. 그것도 음식을 전혀 먹지 않는다고 가정했을 때 말이다.

우리는 당신이 상상할 수 있는 모든 종류의 사상에 대면했다

지난 10년간_{책을 쓰는 시점에서 10년이지만 지금은 20여 년이 되었다} 길위에서 사역했지만 우리는 이런 종류의 어려운 시련을 겪게 될 줄은 상상도 못하고 있었다. 우리는 당신이 상상할 수 있는 모든 종류의 사상에 대면하게 되었다. 인본주의, 여권주의, 사회주의, 물질주의, 그리고 강력한 동성연애와 악한 영들이 조정하는 갖가지 비행들을 목격했다. 다른 어떤 여행에서도 만나보지 못한 기인_{奇人}들을 태평양 연안에서 전부 만나게 되었다!

우리는 거의 두 달 동안 사역의 열매가 한 건도 없이 가야 하는 계속적인 공격을 경험했다. 캐롤과 나는 그 건조한 시기가 지난 사역의 기간 중 사탄이 노골적으로 위협하던 때보다 더 심각했음을 안다. 우리는 교회들을 거의 방문하지 못했고 재정도 거의 바닥에 떨어졌다. 하루는 내가 트레일러에서 십자가와 대야를 들고 나서는데 캐롤이 절망적으로 소리쳤다. 그녀는 눈물을 줄줄 흘리면서 말했다.

"하나님, 제발 좀 어떻게 해 보세요!"

7월 1일 나는 라구나 해변 캘리포니아 오렌지 카운티에 있는 아름다운 해변의 복잡한 휴양지 사이에 들어섰다. 엄청나게 많은 사람들이 모여 있었다. 그들은 거의 옷을 벗은 채 몸에는 기름을 바르고 피부는 햇빛에 그을려 있었다. 나는 놀라움으로 그 장면을 바라보았다. 모든 사람이 해변가 옷차림이기에 나는 이상한 정글 탐험가처럼 보였다. 운동화에 짐을 지고 십자가와 대야를 들고 있었으니 말이다.

나는 조용히 기도했다.

"하나님, 이곳이 하나님께서 일을 행하실 곳입니까?"

그때 파도타기하던 한 청년이 물에서 나오는 것이 보였다. 그는 긴 머리를 휘날리며 귀에는 귀걸이를 하고 온몸에는 문신이 새겨져 있었다. 그는 무리들 속에서 나를 발견하고는 엄지손가락을 치켜들었다. 그것은 나를 초대한다는 의미로 받아들이기에 충분한 것이었다!

나는 사람들의 틈바구니를 헤치고 나가 그 청년에게 이르렀다. 그리고는 내가 하는 일을 설명했다. 그는 고개를 저으며 말했다.

"아저씨, 예수에 관한 이런 거 나한테는 안 먹혀요."

무슨 말이냐고 묻자 그는 자기 팔을 보여주었다. 퍼렇고 꺼멓게 멍든 자국들은 그가 마약 주사를 수없이 맞았다는 것을 보여주고 있었다. 그는 자신이 회복될 수 없는 마약 중독자임을 인정했다. 나는 말했다.

"예수님이 바로 지금, 자네를 자유케 하실 수 있어."

그리고나서 나는 복음을 나누었다. 예수님이 그를 자유케 하시기 위해 오셨다고 말했다.

문신이 가득한 내 친구는 마음을 열고 대야에 발을 담았다

하나님의 주권적인 역사하심으로 나는 라구나 해변의 더운 모래사장에서 방금 전에 만난 마약 중독자 앞에 무릎을 꿇고 있었다. 모두가 바라보는 가운데 문신이 가득한 내 친구는 예수님께 마음을 열고 그의 발을 나무 십자가 위에 놓인 대야에 담았다. 여전히 그의 몸에서는 바닷물이 뚝뚝 흐르고 있었지만 나는 그의 발을 닦으며 예수님의 이름으로 그에게서 모든 마약 중독의 사슬을 끊어버렸다. 이쯤 되자 해변에 있는 거의 모든 사람들이 우리를 주목했다. 그의 발을 다 씻겨주기도 전에 다른 사람이 말했다.

"네, 저도 해 주세요!"

내가 그의 발을 씻기는 동안 그는 자신의 마음을 예수님께 드렸다. 그리고 두 번째 사람도 주님께 나왔다.

그날 이른 오후 나는 한 젊은이를 만났는데 그는 라구나 해변의 한 비공식적인 모임의 회원이었다. 그는 나를 너댓 명의 다른 젊은 남녀에게 소개해 주었다. 그들은 해변에서 노숙하면서 뭐든지 음식을 찾으면 먹고 지내는 이들이었다. 최근에 별로 먹은 것이 없음을 알고 나는 그날 밤 먹을 것을 가지고 다시 오겠다고 약속했다. 물론 믿음으로 약속한 것이었다.

나는 트레일러에 돌아와서 하나님이 행하신 일로 인해 캐롤과 함께 기뻐했다. 그리고 그날 밤 해변 노숙자들에게 음식을 갖다 주기로 약속했다고 말했다. 아내는 남은 몇 푼으로 빵 몇 개를 사서 오후 내내 엄청난 양의 샌드위치를 만들었다. 아내는 물었다.

"오늘밤 그 사람들이 나타나지 않으면 어떻게 하죠?"

대답은 간단했다.

"앞으로 몇 주 동안 샌드위치만 먹는 거지 뭐."

캐롤과 함께 그날 저녁 해변으로 다시 갔을 때 그들은 새로운 친구들까지 데리고 나타났다. 음식을 먹인 후에 우리는 기도했고 그들 각 사람에게 예수님의 사랑을 말해 주었다. 우리는 깨달았다. 그날 오후 하나님의 임재가 흘러가기 시작하면서 그날 밤 하나님의 분명한 임재하심으로 인해 우리가 사랑으로 섬길 수 있는 길이 열린 것이다. 하지만 우리가 깨닫지 못했던 것도 있었다. 그날 방아쇠를 당기기 시작한 하나님의 역사하심이 이후 몇 달 동안 우리가 감당할 수 없을 정도의 강력한 사역과 열정의 도가니 속으로 우리를 몰아넣은 사실 말이다.

"하나님이 말씀하셨어요 '이게 나의 마지막 기회다'"

그 다음주 주님은 30명의 교도소 출신들과 마약 중독자와 창녀들을 만나게 하셨다. 나는 그들에게 복음을 전할 기회를 얻었고 그들이 예수님에게 얼마나 소중한 존재인지 말했다. 그들이 과거에 누구였든지 간에 그들은 주님 안에서 미래와 희망을 가질 수 있다고 말했다. 우리는 여덟 명의 사람을 주님께로 인도했고 그 자리에서 세례를 주었다. 침례하기 전에 각 사람에게 간증할 기회를 주었다. 그때 한 청년이 말했다.

"나는 어제 감옥에서 나왔어요. 하나님이 말씀하셨다고 생각해요. '이게 나의 마지막 기회다.' 이제는 하나님이 내 인생에 계획하신 모든 것을 받아들이고 싶어요."

우리는 교회 예배 중에 있는 것도 아니었고 예배당 안에 있는 것도 아니었지만(물론 우리는 교회 예배도 예배당도 모두 사랑한다) 그럼에도 불구하고 그 기간 우리는 하나님의 임재 속에 걸으며 머물고 있었다. 뿐만 아니라 우리는 하나님의 임재의 능력이 거룩한 삶으로 변화되어 가는 것을 목격할 수 있었다. 크리스천의 삶은 단지 행함이 아닌 것처럼 단지 임재만도 아니다. 이 두 가지가 우리의 삶 속에서 균형을 이루어 창조주의 영광을 나타내야 한다.

하나님의 임재 안에 머물면 변하지 않을 수 없다

그리스도의 신부된 교회는 최근 성령의 기름부으심과 거룩한 역사를 많이 체험해왔다. 우리가 이런 놀라운 시기에 산다는 것 자체가 특권이 아닐 수 없다. 그러나 우리는 고쳐야 될 심각한 문제가 있다. 그것은 너무나 많은 크리스천들이 하나님의 임재 가운데 머물면서도 생활방식을 바꾸지 않고, 하나님의 나라를 섬기지도 않은채 그냥 지낼 수 있다고 생각한다는 것이다.

그러나 하나님은 그렇게 생각하지 않으신다. 하나님은 사도 야고보를 통해 우리에게 권고하셨다.

"너희는 말씀을 행하는 자가 되고 듣기만 하여 자신을 속이는 자가 되지 말라" 약 1:22.

당신이 "나는 하나님의 임재 가운데 있습니다"라고 말하면서 당신의 삶도, 주변 사람들의 삶도 변화시키지 않는다면 사람들은 당연히 당신의 신앙이 진짜인가 의심할 것이다.

몇 년 전 캐롤과 나는 한 사람을 우리 집에 데려왔다. 그는 불경건한 생활방식과 잘못된 선택을 반복하다가 인생과 결혼생활을 망친 사람이었다. 그는 700마일을 여행해서 우리 집에 왔다. 그가 도착했을 때 그가 가진 전 재산은 렌터카 뒷좌석을 겨우 채울 분량밖에 되지 않았다.

그 친구는 바로 다음날 아침부터 온전함에 이르는 여정에 올랐다. 그날은 주일이었는데 그는 우리 고향 교회의 강단에 나와서 앞으로 예수님과 함께 인생을 바르게 시작하겠다고 선포했다. 그때 우리는 간절히 소망하며 바라보았다. 하나님의 씨앗이 그의 중심에 뿌려져서 견고하게 뿌리 내리기를 원했다. 그리고 결국에는 그렇게 되었다.

그는 곧 새신자반에 등록했고 이후로 교회에 계속해서 출석했다. 그 뒤로 이혼 회복 프로그램을 두 번 수료했고 교회 안에서 경건과 사랑이 가득한 지체들과 우정을 쌓기 시작했다. 그들이 그를 지속적으로 돌봐 주었다. 이전에는 언제나 주님으로부터 멀어지게 만드는 친구들만 사귀었는데 말이다.

그는 좋은 직장을 얻게 되었고 빚을 갚기 시작했다. 그러면서 재정적으로도 회복되었다. 몇 달 뒤 그는 자신의 아파트로 이사할 수 있게 되었다. 그래도 캐롤과 나는 타지에 나가서 사역하는 기간 외에는 날마다 그를 만나 교제를 계속했다.

하나님의 임재 가운데 변화되어

천천히 그러나 분명히 우리의 친구는 하나님의 임재 가운데 점점 더 많은 시간을 보내면서 인생이 다시 피어나기 시작했다. 이 글을 쓰는 지금 그는 우리 교회 출신의 귀한 자매와 결혼하여 결혼 1주년을 기념하고 있다. 나는 그 결혼식을 주관하는 영광을 얻었다. 그 친구를 위해서 기도하는 가운데 가졌던 네 가지 목표가 다 이뤄졌다. 왜냐하면 하나님의 임재의 능력이 그 사람을 완전히 변화시켰기 때문이다.

세상은 자신이 하나님의 임재 가운데 있다고 말하는 사람들의 삶 속에서 변화를 볼 수 있어야만 한다. 성경의 진리에서든 교회의 역사에서든 이 점에서 예외가 있을 수는 없다.

한때 사람을 죽이고 도주하였던 모세가 양무리를 치던 길에서 벗어나 호렙 산의 불타는 떨기나무를 보려고 다가섰을 때 그곳에서 살아계신 하나님의 임재를 대면하였다. 그리고 그 사건으로 그는 변화되었다!

하나님이 우리에게 자신을 계시하시는 것은 언제나 거룩한 목적을 이루기 위함이다. 그저 우리에게 감동이나 즐거움을 주려는 것이 아니다. 하나님은 모세에게 이집트에 있는 이스라엘 백성들이 어떻게 지내는지 알려주시며 이렇게 말씀하셨다.

> "이제 내가 너를 바로에게 보내어 너에게 내 백성 이스라엘 자손을 애굽에서 인도하여 내게 하리라" 출 3:10.

모세는 자신이 왔던 동일한 길로 돌아가지 않았다. 왜냐하면 그는 살아계신 하나님을 대면한 이후로 완전히, 그리고 영원히 변화되었기 때문이다. 하나님의 임재 가운데 그의 인생은 분수령을 넘어섰고 다시는 뒤돌아서지 않았다. 그는 변화되어 순종함으로 이집트로 돌아갔다. 그리고 그의 순종으로 인해 온 백성이 이집트의 속박에서 기적적으로 해방될 수 있었다.

모세의 얼굴은 하나님의 임재의 영광을 반사했다

후에 모세의 인생은 전혀 다른 방식으로 그를 보는 모든 사람들에게 영향을 미쳤고 변화를 일으켰다. 그가 40일간 하나님과 지낸 후 십계명을 들고 시내산에서 내려올 때 성경은 이렇게 기록한다.

> "모세는 자기가 여호와와 말하였음으로 말미암아 얼굴 피부에 광채가 나나 깨닫지 못하였더라" 출 34:29.

모세의 얼굴은 문자 그대로 하나님의 임재의 영광을 반사했다. 모세는 온 이스라엘 사람들이 바라볼 수 없을 지경이 되자 얼굴에 수건을 덮어서 가려야 했다. 주님과의 대면으로 인해 우리 얼굴에 동일한 일이 발생했다면 아마 우리의 얼굴은 텔레비전을 통해 전 세계 뉴스에 방송되었을 것이다.

당신이 주님과 함께 지내고 있다면 당신은 주님을 반사할 것이다. 하나님의 임재는 변화의 능력을 갖고 있기 때문에 사람의 인생을 변화시키지 않을 수 없다. 신약성경에 등장하는 다소의 사울은 가장 악명 높은 기독교인 사냥꾼이었다. 그러나 마침내 그는 다메섹 도상에서 살아계신 하나님을 대면하게 되었다.

하나님의 임재가 이 열정적인 '신학교 출신'의 랍비를 완전히 변화시키는 바람에 박해자 사울은 즉시 신자 바울로 변화된다. 다음에 열거한 것들은 바울이 하나님의 임재를 단 한 번 대면한 이후로 변화된 결과들이다.

- 초대교회 가장 위대한 사도 중 한 사람
- 2년 만에 아시아 전체에 복음 증거
- 신약성경의 상당부분을 차지하는 바울 서신들 안에 담긴 풍성한 영적 지혜의 유산

하나님은 지금도 모든 사람이 구원받기를 원하신다

하나님의 임재는 인간이 즐거워하고 맛보고 간직하고 바라볼 만한 것이다. 그러나 하나님의 임재는 소수의 영적인 엘리트에 의해서 저장되거나 비축되거나 붙잡아 둘 수 없는 것이다. 우리가 섬기는 하나님은 어떤 분이신가?

"하나님은 모든 사람이 구원을 받으며 진리를 아는 데에 이르기를 원하시느니라" 딤전 2:4.

이 사실은 지금도 변함이 없다. 실제로 하나님의 임재 가운데 사는 사람들은 잃어버린 영혼을 향한 불타는 긍휼을 가지고 타인에게 사랑과 용서의 마음을 보인다.

또한 하나님의 임재는 다른 그 어떤 곳에서도 찾을 수 없는 보물을 우리에게 주신다. 성경은 말한다.

"주의 앞에는 충만한 기쁨이 있고 주의 오른쪽에는 영원한 즐거움이 있나이다" 시 16:11.

"그러므로 너희가 회개하고 돌이켜 너희 죄 없이 함을 받으라 이같이 하면 새롭게 되는 날이 주 앞으로부터 이를 것이요" 행 3:19.

초자연적인 기쁨과 유쾌함은 주변의 환경이나 인간적인 노력과는 아무 상관이 없다. 이것은 하나님의 선물이자 우리가 그분의 임재 가운데 있다는 분명한 증거이다. 이 두 가지 하나님의 성품은 잠시 모방하거나 흉내낼 수는 있을지 몰라도 섬김에 대한 압박감과 세상에 대한 마음이 강해지기 시작하면 모조품은 금세 부서진다. 이것이 아무리 어려울지라도 하나님의 임재 가운데 얻는 진정한 기쁨은 사라지거나 흔들리지 않는다. 하나님의 기쁨은 인간의 절망과 슬픔 한가운데서도 일어선다. 하나님의 유쾌하게 하심은 무더운 날 갑작스런 봄비처럼 모든 것을 씻어내는 힘이 있다. 이것이야말로 우리가 하나님의 임재 속에 살면서 얻어야 할 보물들이다.

우리가 하나님의 임재 가운데 들어갈 때 필요한 조건이 있음을 아는가? 우리가 그분의 임재에 들어가려면 그분의 유쾌하게 하심의 유익을 맛보기 전에 먼저 회개해야 한다.

자신이 가보지 않은 곳으로 사람들을 인도할 수 없다

나는 목회자들에게 종종 말한다.

"여러분은 여러분이 가보지 않은 곳에 사람들을 데려갈 수 없습니다. 또한 여러분이 개인적으로 경험하지 않은 것을 사람들에게 경험시킬 수도 없습니다."

기쁨과 유쾌함을 다른 사람들에게 주는 사역에도 동일한 원리가 적용된다. 하나님의 임재 가운데 시간을 보내는 것을 대체할 수 있는 것은 없다. 그리고 하나님의 임재는 언제나 변화를 일으킨다.

또한 하나님의 임재는 또 다른 분명하고도 획기적인 방법으로 사람들에게 영향을 미친다. 하나님의 임재가 우리의 마음에 말로 설명할 수 없는 나눔의 소원을 주신다는 사실을 안다. 이것 또한 기적과 같은 변화다. 인생은 그 어떤 것보다도 자기 지갑을 가장 열기 싫어하는 법이다!

전에 어떤 모임을 참석하던 중에 주님께서 나눔의 소원을 주신 일이 있다. 한 목회자가 헌금 시간에 일어나서 하나님께서 씨 뿌리는 자에게 씨를 주신다는 성경말씀을 나누기 시작했다 고후 9:10. 그 목회자는 회중에게 질문했다.

"여러분 중에 정말 헌금으로 드리고 싶은 마음이 있는데 뿌릴 씨앗이 없는 분이 있습니까?"

회중 가운데 100명 정도가 손을 들자 그는 자기 지갑을 열어 10달러, 20달러짜리 지폐를 잔뜩 꺼내더니 사람들에게 앞으로 나오라고 했다.

사람들이 앞으로 밀려 나오기 시작하자 그 즉시로 회중들 가운데 나눔의 소원이 강하게 일어나기 시작했다. 회중들 가운데 많은 사람들이 다른 이들에게 다가가서 말하기 시작했다.

"주님께서 당신에게 선물을 주라고 하십니다."

마침내 그 목회자가 돈이 떨어지자 회중 가운데 사람들이 일어나서 아무것도 가지지 않은 사람들에게 돈을 나눠주기 시작했다. 그래서 회중석의 모든 사람들이 하나님의 원리대로 씨 뿌림의 기쁨을 체험할 수 있게 되었다.

모든 헌금을 드린 후에 그날 저녁 헌금 총액이 칠천만 원이라는 것을 알게 되었다. 확신컨대 헌금 시간 이전에 일어났던 사건으로 인해 그날 밤 하나님의 능력이 나타난 것이다. 그 자리에 함께 했던 사람들은 헌금 이후에 행복한 경배의 시간을 드렸으며 주님을 우리의 가장 소중한 손님으로 환영하는 시간을 가졌다. 그날 밤 우리 모두는 하나님의 따스한 임재 가운데 머무는 체험을 했다.

이 체험을 통해서도 확증된다고 생각한다. 당신이 하나님의 임재 가운데 있으면 근본적인 변화가 일어나게 되고 그 변화가 확실하게 눈에 보이게 된다. 대부분의 경우 이러한 변화는 당신이 다른 사람들을 바라보는 '관점'과 다른 사람들을 '섬기는 방식'에서 드러난다. 당신이 주님과 함께 한다면 당신은 주님을 반사하게 되어있다.

데이빗이 쓰레기 더미에서 스리랑카 쓰나미 생존자의 발을 씻기고 있다.

03
섬김의 정신은 배우는 것이 아니라 불붙는 것이다

하나님의 열심이 당신을 삼키게 하라

❦ 토 미 가 말 하 다 ❦

 섬김의 정신이 있는가에 따라 의무감이 되거나 자원함이 된다. 당신이 '해야 하는 일'을 하는 것과 '하고 싶은 일'을 하는 것은 다르기 때문이다. 당신이 주님과 너무나 친밀하기 때문에 주님의 소원이 당신의 소원이 되고 나면 섬김은 기쁨이 된다. 그래야만 하나님의 뜻을 행하는 것이 더 이상 의무가 되지 않는다. 때로는 짐이 매우 무거울 때도 있다. 하지만 당신이 소원과 기쁨을 가지고 하면 언제나 짐은 가벼워지는 법이다.

 내가 장을 보러 가면서 당신의 아이를 품에 안고 다닌다면 분명히 지쳐버릴 것이다. 하지만 내 아이를 품고 다닌다면 단연코 새로운 힘이 솟아날 것이다. 그것은 내 아이가 저 아이보다 가볍기 때문이 아니다. 차이점이 어디서 생기는가? 내 아이를 품고 다니는 것은 내게 의무감이 아니기 때문이다. 그것은 내 자식을 안고 싶은 마음의 소원이 있기 때문이다.

예수님은 우리에게 자기 십자가를 지라고 하셨다. 그러나 주님은 그 이상을 요구하셨다는 사실을 우리는 쉽게 망각한다 눅 9:23. 주님은 이런 말씀도 하셨다.

> "또 누구든지 너로 억지로 오 리를 가게 하거든 그 사람과 십 리를 동행하고" 마 5:41.

예수님과 함께 종의 멍에를 지고 간다는 것은 쉬운 일이 아니다 마 11:29-30. 하지만 그것을 정말 의무감으로 접근하면 당신은 결코 그 멍에를 질 수 없다.

그렇다. 당신이 해야 할 일을 그럭저럭 해나갈 수 있을 것이다. 그러나 장담하건대 의무감에서 벗어나 소망의 영역으로 들어가기 전에는 결코 주님이 원하시는 모습이 될 수 없다. 겸손한 섬김의 열정과 열심은 배우는 것이 아니라 불붙는 것이다.

겸손이 당신의 마음에 있지 않는 한 당신은 겸손을 가르칠 수도 없고 보여줄 수도 없다. 그것은 마음의 문제다. 무리들 가운데 위선자들을 골라내는 것이 얼마나 쉬운지 아는가? 겉으로 겸손한 척 행동하는 것은 사카린으로 단맛을 내는 것처럼 금방 티가 난다. 그것은 핵심에 이르지 못하고 겉돈다. 인공 감미료는 쓴 뒷맛을 남기기 마련이다. 그럴싸한 모습으로 자신을 포장하는 사람들이 남기는 쓴 뒷맛으로 인해 솔직히 세상은 교회에게 질려버렸다. 이제는 교회가 위선을 내려놓고 진실을 선택해야 할 때이다.

열정은 '불붙은 목적'이다

하나님의 나라에서 성공에 이르는 가장 중요한 열쇠 중의 하나가 열정이다. 열정은 '불붙은 목적'이다. 그런데도 교회는 이 열정을 자주 잃어버린다. 열정은 열심에서 태동되는 것이며 열심은 배운다고 되는 것이 아니라 불이 붙어야 하는 것이다. 당신이 하나님을 위해 불타려면 먼저 하나님의 중심에 있는 불이 당신에게 옮겨붙어야 한다. 당신을 창조하신 분과 사랑에 빠지면 그 사랑의 열심 때문에 당신의 인생은 전혀 새로운 차원에 이르게 된다. 아낌없이 내어주고 기꺼이 희생하는 삶을 사는 것이다. 그리고나면 하나님이 베풀어주신 것보다 어떻게 하면 더 나눠줄 수 있을까 경주하듯 살게 된다. 물론 그 경주는 영원히 이길 수 없는 경기가 되겠지만.

사랑의 열심과 열정이 당신 안에 가득해지면 인생의 목적이 생기기 때문에 다른 사람을 섬기며 장시간 일을 하는 것도 대수롭지 않게 된다. 사람을 섬기고 아버지를 예배하는 것이 당신 인생에서 불타는 사명이 된다. 그것이 예수님의 사명이었던 것처럼 말이다.

예수님이 성전에서 채찍을 들고 환전상들을 몰아내시자 제자들은 시편의 예언을 상기했다.

"주의 전을 사모하는 열심이 나를 삼키리라" 요 2:17 ; 시 69:9.

예수님은 아버지의 집을 위한 열심이라는 '병'을 갖고 계셨다. 그것은 마치 암처럼 그를 삼켜버렸다. 하나님은 열정을 두려워하지 않으신다. 왜냐하면 하나님이 그것을 고안해 내셨기 때문이다!

우리가 주님 안에 있는 종의 마음에 불붙으면 우리는 누구도 말릴 수 없는 섬김이들이 된다. 우리가 다른 사람들에 대해서 지도자나 권세자의 자리에 있을지라도 말이 아니라 본보기로 이끌어가게 된다. 우리는 식탁에서 다른 사람들을 섬기는 첫 번째 사람들이다. 왜냐하면 하나님 나라에서는 그 누구도 섬김의 사역이나 섬김의 학교를 졸업할 수 없다는 사실을 본

능적으로 알기 때문이다. 섬김의 불길이 솟아오르기 시작하면 리더의 자리에 있더라도 우리는 주님의 본을 따라 종이 되기 위해 태어난 존재임을 망각할 수 없다.

열정적인 섬김

데이빗과 그의 아내 캐롤은 섬김의 마음으로 불타는 사람들이다. 이들 부부는 말릴 수가 없다. 그들은 하나님이 주신 사명에 대해 열심이다. 섬김은 그들의 평생에 추구해온 거룩한 생활방식이다. 우리는 그들의 본보기에서 배울 것이 많다.

종은 습관적으로 자신의 감정보다 다른 이의 감정을 더 살핀다. 우리가 하나님의 종으로서 드리는 첫 번째 충성은 우리 주님께 드리는 것이다. 주님의 관심사항과 소망사항이 언제나 우리 자신의 소원보다 우선해야 하며 사람들의 필요와 소원보다 우선해야 한다. 우리가 주님의 뜻대로 살고 있음을 확신한다면 우리는 하나님께서 섬기도록 보내주신 사람들에게 집중할 수 있다.

종은 자신이 섬기는 자가 자신을 욕하고 학대해도 오히려 그를 축복한다. 서비스 산업에 종사하는 사람들이면 누구나 사람들이 가장 큰 골칫거리임을 알고 있다. 사람들은 때로 무례하고 무정하며 냉랭하고 아주 잔인하기까지 하다. 특별히 우리가 예수 그리스도의 복음을 가지고 접근하면 더더욱 그렇다.

그럼에도 불구하고 예수님은 말씀하셨다.

"나는 너희에게 이르노니 악한 자를 대적하지 말라 누구든지 네 오른편 뺨을 치거든 왼편도 돌려 대며" 마 5:39.

왜 주님은 그런 말씀을 하셨는가? 그것은 우리가 종이 되려면 우리의 권리를 포기해야 함을 아시기 때문이다. 그러나 당신이 주님을 향한 열심 때문에 종이 되기 시작하면 독특한 일이 일어나기 시작한다. 이런 문제를 내려놓고 당신이 주님 안에서 아무 권리가 없음을 인정하는 순간부터 당신은 미래에 대한 부담감에서 해방된다. 당신의 인생은 더 이상 당신의 것이 아니다. 당신의 인생은 당신 주인의 손에 있기 때문이다 고전 6:20, 7:23. 좋은 소식은 이것이다. 주님은 당신이 자신의 미래를 돌보는 것보다 더 잘 돌보신다는 것이다.

※ 데이빗이 말하다 ※

하나님께서 캐롤과 내게 맡기신 사역에 대해서 토미 테니가 사랑으로 말해 준 것에 감사한다. 하지만 인정하지 않을 수 없는 것은 하나님의 말씀이 나의 안전지대에서 나를 흔들어 깨우는 것을 느낀다는 것이다. 우리는 부르심에 응답했고 지난 10여 년_{현재 20여 년} 동안 주님의 이름으로 수천 명의 사람들의 발을 씻겼다. 하지만 우리가 더 이상 진실한 겸손과 섬김의 마음으로 그 다음 사람들의 더러운 발을 씻기지 않는다면 이 모든 것은 수포가 되고 말 것이다.

하나님이 보시기에 위대함이란

당신은 아는가? 하나님의 말씀이 사람에게 위대하다고 표현할 때 그것은 우리가 일반적으로 생각하는 리더십 방식이나 예측과는 정반대이다. 예수님은 말다툼하고 있는 제자들에게 말씀하셨다.

"너희 중에는 그렇지 않아야 하나니 너희 중에 누구든지 크고자 하는 자는 너희를 섬기는 자가 되고 너희 중에 누구든지 으뜸이 되고자 하는 자는 너희의 종이 되어야 하리라 인자가 온 것은 섬김을 받으려 함이 아니라 도리어 섬기려 하고 자기 목숨을 많은 사람의 대속물로 주려 함이니라" 마 20:26-28.

우리들 상당수가 이 말에 수긍하고 또 이 진리를 설교하지만 실제로 이렇게 사는 사람은 극소수에 불과하다. 확신컨대 대부분의 사람들이 섬김의 영역 안으로 뚫고 들어가지 못하는 것은 이 땅에 섬기기 위해 오신 주님의 열심이 그들 안에 없기 때문이다.

진실한 종의 다섯 가지 특징

1. 종은 자신을 낮출 준비가 되어 있어야 한다

하나님은 언제나 사람의 외모보다 내면에 있는 것에 더 관심이 있으시다. 진실한 종에 대해서 묵상할 때마다 나는 마더 테레사가 떠오른다. 이 겸손한 가톨릭 수녀는 자신의 평생을 바쳐 인도의 여러 도시에서 가난한 자와 궁핍한 자와 죽어가는 자들을 섬기며 살았다.

마더 테레사가 헐리웃의 배우 시험을 보았다면 결코 통과하지 못했을 것이다. 그녀의 모습은 유명 인사들의 얼굴이나 표면적으로 아름다운 미소와는 거리가 멀다. 그러나 모든 세계 지도자들과 유명인사들, 그리고 권력자들이 그녀와 악수하기를 원했고 그녀와 시간을 함께 하기 원했다. 마지막 몇 년 동안은 몸무게가 30kg을 간신히 넘었다. 구부러진 허리를 하고 다니는 모습을 보면 마치 껍데기와 뼈 밖에 없는 것 같았다. 그러나 이런 것들은 하나님이 보실 때 중요하지 않다. 하나님의 관심은 그리스도의 열정으로 수십 년간 상처받은 수백만 명의 영혼을 만지며 인도의 극빈자들과 불가촉천민들_{접촉할 수 없는 천민이라는 뜻으로 인도 카스트제도에서 가장 낮은 신분의 사람을 이르는 말}을 섬겼던 그녀의 열심에 있다.

또 한 사람 떠오르는 사람이 있다. 하나님께서는 키가 작고 얼굴이 붉은 목동을 선택하신 적이 있다. 이 소년이 두 군대 사이에 서서 하나님의 원수들을 상대했을 때 그는 골리앗의 그림자에 가려 난쟁이처럼 보였다.

어린 다윗은 여덟 형제 중에 막내였고 목동이었지만 종의 마음을 가진 소년이었다. 나이 많고 체격이 큰 형들은 그를 늘 무시했다. 하지만 하나님이 그 형제들 대신 다윗을 선택하신 것은 이 작은 소년 안에 하나님 사이즈의 마음이 담겨 있었기 때문이다. 주님은 다윗이 골리앗을 대하기 오래 전부터 다윗의 마음이 어떠한지 알고 계셨다.

이스라엘의 첫 번째 왕 사울은 하나님보다 사람을 기쁘게 하려고 했기 때문에 하나님의 백성을 이끌어가는 지도자로는 불합격자가 되었다. 그때 하나님은 선지자 사무엘을 보내서 이새의 아들들 중 한 사람을 왕으로 기름 붓게 하셨다. 사무엘은 이새의 잘생긴 큰 아들 엘리압을 보자마자 이 사람이라고 생각했다. 하지만 하나님이 개입하셔서 말씀하셨다.

> "그의 용모와 키를 보지 말라 내가 이미 그를 버렸노라 내가 보는 것은 사람과 같지 아니하니 사람은 외모를 보거니와 나 여호와는 중심을 보느니라" 삼상 16:7.

하나님은 사무엘 앞에 선 일곱 아들들을 모두 거절하셨다. 사무엘이 이새에게 질문한 후에야 그 집에는 아버지의 양을 지키는 여덟 번째 아들이 있다는 것을 알게 되었다. 사무엘은 이새가 잊혀진 아들 다윗을 들판에서 데려오기까지 자리에 앉지 않겠다고 했다. 성경은 말한다.

> "사무엘이 기름 뿔병을 가져다가 그의 형제 중에서 그에게 부었더니 이 날 이후로 다윗이 여호와의 영에게 크게 감동되니라 사무엘이 떠나서 라마로 가니라" 삼상 16:13.

그러는 동안 주의 신이 사울에게서 떠나고 악신이 그를 괴롭히기 시작했다. 사울왕은 신하들을 보내서 이새에게 메시지를 전달했다. "양 치는 네 아들 다윗을 내게로 보내라" 삼상 16:19. 성경은 말하기를 사울이 그때 다윗을 매우 사랑하여 자신의 병기 든 자를 삼았다고 한다 삼상 16:21.

다윗은 잠시 아버지의 양을 치러 돌아왔으나 사울왕은 블레셋과의 문제에 집중해 있었다. 그때 다윗이 전쟁터에 있는 형들에게 가져다줄 물품을 챙겨서 갔다가 골리앗이 이스라엘 군대를 모욕하는 것을 듣게 된다. 다윗은 사울왕의 본부 막사에서 갑옷을 입고 서 있게 된다. 그가 양들이 있는 집을 떠나 평소에 동경하던 갑옷을 입은 것이다! 하지만 다윗은 아버지의 양무리를 삼키려는 사자와 곰을 잡을 때 사용하던 목자의 도구들을 가지고 골리앗과 맞서기로 결정한다. 마침내 골리앗은 쓰러졌고 이스라엘 군대가 마무리를 한다.

다시 한 번 다윗은 사울에게 은총을 입게 되었다. 그러나 그의 호의는 오래 가지 못했다. 사울이 다윗을 군대장관으로 세운 뒤 사울은 이스라엘 여인들이 자신보다 다윗을 높이는 말로 노래하는 것을 듣고는 질투심에 그를 죽이려는 마음을 품는다. 그는 다윗이 목숨을 위해 마침내 도망자가 되기까지 다섯 번에 걸쳐 일곱 번 그를 죽이려고 시도했다.

다윗이 사울왕의 궁궐에 들어가면서 사무엘이 자신을 사울의 후임자로 세웠다고 자랑하며 들어가지 않았다. 그는 종으로 들어갔고 왕의 신임을 얻어 왕의 병기 든 자가 되었다.

사울은 다윗이 자신의 왕국을 **빼앗으려** 한다는 피해망상에 사로잡혀 있었다. 하지만 사울이 분노에 들끓어 있을 때에도 다윗은 그가 던지는 창을 피할 뿐 그 창을 다시 사울에게 던지지 않았다. 그는 변함없이 사울왕을 사랑하고 존경했다. 심지어 왕이 자신을 도망자로 만들었을 때에도 그랬다. 왜 그

랬는가? 그는 종의 겸손한 마음을 품었기 때문이다. 어떻게 해서든 하나님은 언제나 우리를 마음의 문제에 귀결되도록 하신다.

캐롤과 내가 남아프리카 공화국의 한 교회에서 목회자로 섬길 때 우리는 주일 아침 예배 후에 회중들에게 따뜻한 차를 대접하기로 결정했다. 그리고 얼마 안 돼서 모두가 차는 마시고 싶지만 컵 씻을 사람은 없다는 사실을 알게 되었다. 그 교회에는 자동 식기세척기가 없었던 관계로 우리는 실제적인 문제에 봉착했다. 그때 주님이 우리에게 이렇게 도전하셨다.

"교회 성도들이 그 컵을 씻기 원하느냐? 그렇다면 너희들이 먼저 그 컵을 씻어야 한다!"

교제가 우리의 중요한 목표였고 그로 인해서 주일 오전에 컵을 씻어야 한다면 그래야 하는 것이었다. 모두가 교제하며 차를 마시고 케이크를 먹을 때 나와 캐롤은 부엌에 들어가서 수백 개의 컵을 씻기 시작했다. 그 다음 주에도 동일했다. 하지만 이번에는 한 여인이 부엌에 들어와서 말했다.

"오, 목사님 내외가 컵을 씻고 계시네!"

우리는 그저 웃으며 대답했다.

"그럼요. 얼마나 재미있다구요."

우리 부부는 찬양하면서 일하고 있었다.

그녀는 나가더니 친구 하나를 얼른 데려와서 합류했고 우리는 부엌에서 함께 찬양의 잔치를 벌였다. 그 다음 주 두 명의 도우미는 두 사람을 더 데리고 왔고, 우리 모두는 컵을 씻으며 주님을 찬양했다. 그 다음 주에는 컵을 씻겠다고 하는 사람들이 너무나 많아서 부엌에 다 들어갈 수가 없었다. 교인들이 그 일을 맡게 되면서 우리는 주님이 주신 작은 시험을 통과했다는 걸 알았다. 나는 이 말이 종교적으로 들리지 않기를 바란다. 주님께서 우리에게 시키신 일을 우리가 단순히 하기 시작했을 때 다른 사람들도 그 일에 열정을 갖게 되었다. 주님은 우리가 다른 이들에게 부탁하는 그 어떤 일이라도 우리가 먼저 기꺼이 하기를 원하신다.

때로 하나님은 우리가 의무적으로 하는 일에서도 겸손하기를 요구하신다. 길거리 사역을 시작한 지 두 번째 되는 해에 하나님은 내게 어느 도시의 '어두운' 구역으로 들어가 사람들의 발을 씻기라고 지시하셨다. 그 당시 나는 그리스도를 위해서 이미 모든 것을 내려놓았다고 생각했다. 나의 육체적인 소욕은 완전히 죽었다고 생각했다. 하지만 하나님은 그것을 확인하고 싶어 하셨다.

어느 날 저녁 나는 그 도시의 황폐한 구역으로 들어갔다. 그때는 교통이 정체되는 시간이어서 도심의 버스들이 길게 줄지어 서 있는 때였다. 그곳은 복음 전도자가 군중들을 끌어 모을 수 있는 최고의 장소였다. 버스 이용자들은 싫어도 그 자리에서 들을 수밖에 없었다. 자리를 뜨면 버스를 놓치기 때문이다.

수백 명의 사람들이 인도에 늘어서서 다음 버스를 기다리며 어깨를 부딪히며 서 있었다. 내가 한 여인에게 말을 할 때 실제로 주님이 그녀를 만지기 시작하셨다. 그녀는 물러설 수도 앉을 수도 없었다. 그녀 뒤에 두 번째 세 번째 줄들이 늘어져 있었기 때문이다. 그때 주님은 내게 이렇게 말씀하셨다.

"여기서 그녀의 발을 씻겨라."

사람들로 가득한 인도에는 전혀 공간이 없었다. 그때 분명히 여유가 있는 공간은 하수도뿐이었다. 유일하게 문제가 있다면 하수도에 걸죽한 오물들이 흐르고 있는 것이었다. 나는 생각했다.

"오, 하나님! 어디로 가야 합니까?"

주님은 즉각 말씀하셨다.

"그녀에게 그 자리에 앉으라고 말해라. 너는 하수도에 무릎을 꿇고 그녀의 발을 씻겨라."

응답은 분명했다. 나는 쓰레기가 가득한 하수도에 무릎을 꿇었고 냄새 나는 오물들이 내 무릎을 훑고 지나가는 동안 그 귀한 여인의 발을 씻겼다. 그러는 동안 수백 명의 사람들은 순간 자신들이 버스를 타야 한다는 조바심마저 잊어 버렸다. 그 일을 마치는 순간 주님이 내게 말씀하시는 것 같았다.

"나는 네가 얼마나 이 일을 하는데 준비되어 있는지 알고 싶었을 뿐이다."

주님은 끊임없이 우리에게 상기시키신다. 종은 언제나 자신을 낮출 준비가 되어 있어야 한다.

2. 종은 열정이 있어야 한다

토미의 정의대로 열정은 '불붙은 목적'이다. 성경에서 다윗왕은 토미가 설명한 그대로를 완벽하게 보여준다. 이스라엘 사람들이 그를 왕으로 지명했을 때 그가 헤브론에서 행한 첫 번째 일은 언약궤를 되돌려 놓는 일을 국가적인 차원에서 조직하는 것이었다 대상 13:2-3. 안타깝게도 처음 시도에 다윗은 블레셋의 방식대로 소들이 모는 새 수레에 궤를 담아 운반하려 했다. 수레가 기돈의 타작마당에서 흔들리자 웃사라는 젊은이가 자기도 모르게 궤를 붙잡았고 하나님이 즉시로 그를 치셨다 대상 13:5-11.

다윗은 예루살렘에 돌아가 두 번째 시도를 하기로 결심했다. 이번에는 하나님의 임재의 언약궤를 성별된 레위지파 제사장들이 그들의 어깨에 메고 운반했다. 그러자 결과가 전혀 달랐다. 3만 5천 명의 백성들이 다윗과 함께 궤를 예루살렘에 모시는 여정에 동행했다. 짐작하건대 여섯 걸음마다 모든 행렬이 멈춰서서 제사장들은 하나님께 희생제사를 드렸고 모든 사람은 여호와 앞에 춤을 췄다.

다윗왕과 기쁨에 가득 찬 행렬이 예루살렘에 도착했을 때 하나님의 임재를 향한 다윗의 열정은 불타올랐다. 성경은 말한다.

"여호와 앞에서 힘을 다하여 춤을 추는데 그 때에 다윗이 베에봇을 입었더라" 삼하 6:14.

마침내 다윗이 하나님을 전심으로 예배하고 찬양하는 동안 아랫도리가 흘러내리기 시작했다. 물론 주님을 향해 열심을 내라고 권면하고 싶지만 이 정도까지 가라는 말은 하지 않겠다! 중요한 것은 하나님과 하나님의 나라를 향한 우리의 열정과 열심을 하나님이 기뻐하신다는 사실이며 그 열정적인 하나님을 우리가 섬긴다는 사실이다.

토미의 귀한 책 「하나님 당신을 갈망합니다」에서 그는 교회를 변화시킬 수 있는 새로운 열정과 열심에 대해 설명한 적이 있다.

우리는 너무 급진적인 것을 원하지 않기 때문에 의자들만 깔끔하게 정돈할 뿐 아니라 예배 순서들도 깔끔하게 정돈되기를 바란다. 우리는 말 그대로 우리의 예의규범을 망각할 정도로 하나님을 간절히 갈망해야 한다.

신약성경에서 떠오르는 사람들 중 '자신의 예의규범을 망각했던' 사람들 치고 주님께 무엇인가를 받지 못한 사람이 없다. 나는 지금 무례함을 위한 무례함을 말하는 것이 아니다. 나는 절박함에서 나오는 무례함을 말하고 있는 것이다!

내가 목회할 때 나는 우리 교회가 '기도하는 교회'가 되기를 간절히 바랬다. 나는 주님께 질문했다.

"유명한 사역자들이 마을에 올 때는 교회가 꽉 차고 우리가 기도 모임을 하자고 하면 '저와 세 사람' 밖에 모이지 않네요."

하나님께서 역으로 질문하시는 것 같았다.

"너 정말 교회가 기도하기를 원하느냐?"

그렇다고 답하자 주님은 말씀하셨다.

"왜 교회가 기도하지 않는 줄 아니? 너와 그 외의 목사들이 기도하는 것을 보지 못했기 때문이다."

그 다음 주일에 나는 회중들에게 질문했다.

"기도하기를 원하는 분 계신가요?"

거의 모든 사람들이 손을 들었다.

"좋습니다. 이렇게 합시다. 여러분이 기도하기 원하는 때라면 저는 언제든지 여러분과 기도하겠습니다. 낮이든 저녁이든 상관 없습니다."

그 다음 주에 나는 침구를 교회에 가져와서 낮밤으로 기도하기 시작했다. 얼마나 많은 사람들이 기도하러 왔는지 모른다. 정말 놀라운 일이었다. 어느 월요일 저녁에는 30명의 남자들이 나와 함께 새벽 1시까지 기도했다. 그리고는 여느 때처럼 아침에 출근했다! 한번은 사람들이 하나님의 음성을 듣고 싶어서 새벽 4시에 교회 문을 두드리기도 했다. 나는 반쯤 깨어서 비몽사몽간에 기도실 주변을 걸으며 기도의 불을 지피기 시작했다. 이것은 충분한 가치가 있는 일이었다. 왜냐하면 이로 인해 우리 교회에 기도의 불이 붙었기 때문이다. 그 교회에서 나온 지 오랜 후에 장로 한 사람을 세워 일주일에 하루를 정해서 24시간 동안 사람들과 기도하게 했다. 우리는 어떤 대가를 치른다 할지라도 하나님의 열심이 우리를 삼키도록 해야 한다.

우리는 하나님의 나라와 잃어버린 영혼을 위해 기도의 열정을 가져야 한다. 하나님의 열심이 우리를 삼키게 되면 섬김의 정신이 우리 안에 일어나게 된다. 내가 보건대 성경에서나 오늘날 교회에서나 모든 위대한 하나님의 종은 하나님을 향한 불타는 열심을 갖고 있었다. 하나님의 열심이 우리를 삼킬 때 교회뿐만 아니라 우리 주변의 고통받는 세상은 우리가 아니라 주님을 보게 될 것이다.

3. 종은 결코 자신이 섬기는 자와 같아지려고 하지 않는다

다윗은 두 번이나 사울의 목숨을 취할 수 있었다 삼상 24,26장. 그러나 다윗은 그를 죽이지 않았다. 사울은 하나님의 기름부음 받은 왕이었기 때문이다. 다윗은 사울이 허락하는 한 그를 섬기고자 하는 마음이 있었다.

다윗이 사울의 목숨을 살려준 첫 번째 사건은 십 광야에서 사울이 발을 가리려고 동굴에 들어왔을 때였다. 사울은 다윗과 그의 사람들이 동굴 깊은 곳에 숨어 있는 줄 몰랐다. 다윗의 사람들은 다윗에게 하나님께서 그의 원수 사울을 손에 붙여 주셨으니 그를 죽여야 한다고 재촉했다. 다윗은 원하기만 하면 사울을 죽일 수 있다는 사실을 보여주기 위해 몰래 사울의 겉옷자락을 벤다.

그것은 분명히 아무런 해도 끼치지 않은 행동이었지만 다윗은 양심의 가책을 느낀다. 그리고 자기 사람들에게 종의 마음이 가지는 본질을 이야기한다.

> "내가 손을 들어 여호와의 기름부음을 받은 내 주를 치는 것은 여호와께서 금하시는 것이니 그는 여호와의 기름부음을 받은 자가 됨이니라" 삼상 24:6.

다윗은 자기 사람들에게 물러나 사울을 손대지 못하게 한다. 사울이 여전히 다윗의 존재를 눈치 채지 못한가운데 굴을 나서자 다윗이 굴에서 뒤따라 나와 외친다. "내 주 왕이여!" 삼상 24:8 그리고는 자신을 죽이려는 사람 앞에 실제로 엎드려 절을 한다. 겸손히 얼굴을 땅에 대고 엎드려 사울에게 그의 생명을 보존하였다고 말한다. 다윗은 하나님이 그로 하여금 섬기게 한 사람과 자신을 동등한 자리에 놓는 것을 거부했다. 그 자리가 바로 코앞에 있는 것이었음에도 불구하고!

두 번째 사건에서 다윗은 엔게디 황무지에서 3천 명의 용사들이 있는 사울왕의 진영 한가운데로 걸어 들어갔다. 이번에도 사울왕의 목표는 다윗을 사냥해서 죽이는 것이었다.

다윗이 사울왕과 군대장관 아브넬 사이에 섰을 때 다윗의 용사 중 한 사람 아비새가 다윗에게 또 말하기를 하나님께서 왕을 다윗의 손에 붙이셨다고 한다. 그리고는 다윗에게 사울왕 죽이는 일을 자신에게 맡겨주시면 자신의 창으로 죽이겠다고 한다. 다윗은 또 한 번 하나님과 사람 앞에 진정한 종의 반응을 보인다.

"죽이지 말라. 누구든지 손을 들어 여호와의 기름부음 받은 자를 치면 죄가 없겠느냐?" 삼상 26:9

자신의 발아래서 자고 있는 자가 수년 동안 자신을 짐승처럼 사냥하러 다니는데도 다윗은 여전히 사울을 하나님의 기름부음 받은 왕으로 존경하겠다고 고집하고 있다. 다윗은 하나님께서 사울을 하나님의 시간에 하나님의 방식대로 다루실 것을 알았다. 그러는 동안 그 누구도 왕을 해하면 안 되는 것이었다.

사도 바울은 우리에게 예수님과 동일한 마음을 가지라고 말한다. 주님이 사람들을 구원하기 위해 종이 되기로 결심하신 것처럼 말이다.

> "너희 안에 이 마음을 품으라 곧 그리스도 예수의 마음이니 그는 근본 하나님의 본체시나 하나님과 동등됨을 취할 것으로 여기지 아니하시고 오히려 자기를 비워 종의 형체를 가지사 사람들과 같이 되셨고 사람의 모양으로 나타나사 자기를 낮추시고 죽기까지 복종하셨으니 곧 십자가에 죽으심이라" 빌 2:5-8.

내게는 '주 안에서 아들'과 같은 한 목사가 있다. 그는 남아프리카 공화국에서 한 훌륭한 교회의 담임목사로 섬기고 있다. 요전에 그가 내게 이런 말을 한 적이 있다.

"데이빗, 당신은 제 인생에 '아버지' 같은 분이십니다."

나는 말했다.

"'아버지'라니 그 무슨 소리를 하는 건가? 그냥 친구라고 하세."

하지만 그는 아니라고 말했다.

"아닙니다. 하나님은 제게 당신이 내 인생에 영적인 아버지라고 말씀해 주셨습니다. 저는 당신이 저의 아버지가 되어 주시기를 원합니다."

나는 한동안 그의 제안을 거절하면서 말했다.

"아닐세. 그냥 친구로 하자니까."

그런데도 매번 그 교회에 갈 때마다 그는 회중들에게 말했다.

"이분은 저의 아버지이십니다. 혹여 제가 문제가 생기면 이분을 찾으셔야 합니다."

수년 뒤 나는 마침내 하나님께서 하시는 일을 이해하기 시작했다. 나는 내 영적인 아들이 내게 준 이름을 받아들이게 되었다. 영적인 아비됨은 아들에 의해서 주어지는 것이지 아버지에 의해서 부과되는 것이 아님을 깨달았다. 동일하게 '아들됨'도 언제나 부과되는 것이 아니라 주어지는 것이다. 다윗은 사울을 자기 평생의 아버지로 여겼다. 후일 사울이 그 소명대로 살기를 거부했을 때도 마찬가지였다.

지난 세월 동안 나는 내 영적인 아들이 그 교회에서 영적인 아비가 되는 것을 보아왔다. 물론 많은 그의 영적 자녀들이 그보다 나이가 많지만 말이다. 교인들이 그에게 다가와 그가 평생 지니고 다니는 아버지의 마음을 그에게서 이끌어 내고 있다. 그는 업적과 성숙의 측면에서 분명히 아비됨을 이루었지

섬김의 정신은 배우는 것이 아니라 불붙는 것이다

만 한 번도 나와 동등해지려고 시도하지 않았다. 다윗은 언제나 하나님이 사울에게 주신 이름을 기억했다. 다윗은 이 땅에서의 갈등과 육적인 문제들을 넘어서서 하나님이 사울에게 주신 기름부으심을 존중하기로 마음을 정했던 것이다.

4. 좋은 돌본다

다윗이 사울에게서 도망하여 아둘람 굴에 있을 때 성경은 말하기를 그의 형제와 온 가족이 그에게 찾아왔으며 "환난 당한 모든 자와 빚진 자와 마음이 원통한 자가 다 그에게로 모였다"고 한다 삼상 22:2. 좋든 싫든 다윗은 말하자면 일도 못할뿐더러 일하지 않는 사람들, 그리고 일하려고 하지 않는 사람들 400여 명의 '장관'이 되어버렸다.

어쩌다보니 다윗은 이 사람들과 그 가족들을 돌보게 되었다. 그리고 그는 이 사람들을 그 땅에서 가장 탁월하고 존경받는 용사들로 변모시켰다. 다윗은 사상과 신분의 문제, 그리고 범죄와 고질적인 실패로 인해 사람들에게 버림받은 이들, 망가지고 무너진 인생들과 지속적인 관계를 맺었다. 다윗은 버림받은 그들을 사랑했고 그들은 도전에 응전하기 위해 일어설 힘을 얻었다.

그 굴에서 함께 지냈던 사람들 중 세 사람이 다윗의 용사들 중에 포함되었다. 그들의 이름은 아디노, 엘르아살, 그리고 삼마였다. 이들은 베들레헴에서 물을 길어 다윗에게 마시우기 위해 자신들의 목숨을 걸고 블레셋 군대를 뚫고 지나갔던 사람들이다 삼하 23:15-17.

다윗은 그들을 자상하게 돌봐주었고 결국 그들은 자존감과 용기를 갖게 되었다. 그럼으로 인해 그들은 용기와 확신을 가지고 인생의 도전들에 맞설 수 있게 되었다. 물론 다윗은 그들에게 기도와 예배, 찬양에 대한 최고의 훈련도 했을 것이다. 하나님은 다윗의 돌봄의 본보기를 사용하셔서 망가진 '낙오자들'의 무리를 변화시켜 강력한 군대를 만드셨고 그들은 다윗을 도와 그가 이스라엘의 왕이 된 이후 모든 대적을 무찔렀다. 다윗의 세 용사가 베들레헴에서 목숨을 건 용감한 행동을 보여준 것처럼 다윗은 그들에게 섬김의 대가를 계산하지 않는 훈련을 시켰던 것이다.

쿠웨이트를 위해 우시는 예수님의 환상

캐롤과 나는 수년간 길에서 사역한 이후로 우리의 본거지를 재건해야 할 필요를 느꼈다. 우리는 일정을 조정해서 중앙본부에서 일하다가 남아프리카 공화국에 있는 집으로 돌아갔다. 더불어 아이들도 집에서 지낼 수 있게 되었다. 우리는 가족들을 충전하고 집을 수리하기 위해 두 달간 사역을 쉬기로 결정했다. 그때 심각한 직무태만의 결과가 나타나기 시작했다.

집에서 여덟 번째 밤을 보내던 날 하나님은 내게 말씀하기 시작하셨다. 모든 짐이 박스 안에 있었고 캐롤은 일찍 잠이 들었다. 그때 갑자기 나는 예수님이 중동에 있는 나라 쿠웨이트를 위해 우시는 모습을 보았다. 나는 캐롤을 깨워서 말했다.

"여보, 예수님이 쿠웨이트를 위해 우시는 환상을 보았어."

그러자 아내는 말했다.

"오! 데이빗, 그만 자요."

우리 두 사람 모두 그날 밤에 잠을 이룰 수 없었다. 주님이 우리에게 "내가 누구를 보낼꼬?" 말씀하신다는 것을 알았기 때문이다. 다음날 아침 우리는 기도했다.

"주님, 우리가 여기 있나이다. 우리는 준비가 되어 있습니다. 우리를 보내소서."

크리스마스가 10여일 남은 때였다. 우리는 방향을 알려달라고 금식하며 기도했다. 마침내 새해 첫 날 새벽 우리 모두는 주님의 음성을 들었다.

"지금 가라."

그때는 걸프전이 발발하기 전이었다.

우리는 하나님께서 비행기 값을 보내주시리라 믿었고 마침내 돈이 생겼다. 당시에는 남아프리카 공화국 여권으로 멀리 여행할 수가 없었기 때문에 나는 런던으로 날아가서 거기서 중동으로 들어가는 길을 찾아보기로 했다.

요하네스 국제공항에서 아내의 눈을 바라보며 말했다.

"당신이 내가 가기를 원치 않으면 그냥 있을께."

그녀는 분명 두려워하고 있었다. 다음 순간 그녀가 한 말을 나는 잊을 수가 없다.

"데이빗, 내가 하나님 앞에서 아는 것은 당신이 가야 한다는 것이에요. 마음으로는 당신이 가는 것 원하지 않지만 당신이 가야 한다는 것을 알아요."

내가 런던에 도착하자마자 걸프전이 발발했다. 나는 하나님께 질문했다.

"이제 어떻게 하죠?"

하나님은 말씀하셨다.

"환경은 바뀌었을지 모르지만 나는 내 마음을 바꾸지 않았단다. 계속 가거라."

하나님의 도우심으로 나는 런던에 있는 영국군 소장 한 사람을 만나게 되었다. 그는 파크랜드 전에 투입되어 있는 영국군을 지휘하고 있었다. 그는 이라크 국경에 있는 쿠르드 족 지역에 나를 데려다 주기로 했다. 그곳은 많은 접전이 벌어지고 있는 지역이었다. 나는 전혀 깨닫지 못하고 있었지만 하나님은 미전도종족 사이로 나를 인도하셔서 그들에게 예수님의 복음을 나눌 수 있도록 허락하셨다.

전쟁이 끝난 뒤 런던에 있는 한 사람이 캐롤과 내게 편지를 보내왔다. 걸프전 당시 쿠르드 지역에서 내가 했던 사역으로 인해 그리스도를 영접하게 된 사람을 자신이 20명이나 알고 있다는 것이었다. 그로 인해 선교단체인 OM과 YWAM이 이전에 닫혀 있던 그 지역으로 들어가 영구적인 사역 베이스를 구축하게 되었다.

때로 우리는 이유를 알 수 없고 치러야 할 대가를 알 수 없을 때에도 예수님의 사랑을 가지고 움직여야 한다. 캐롤은 내가 쿠르드 지역에 있는 동안 자신에게 찾아온 친한 친구를 통해 이 사실을 깨닫게 되었다.

"데이빗이 분쟁지역에 있을지라도 하나님의 뜻 안에 있다면 이곳에서 하나님의 뜻 밖에 있는 것보다 훨씬 더 안전해. 그가 하나님의 뜻 밖에 있다면 저 거리를 건너다가 차에 치일 수도 있는 거잖아."

5. 종은 축복한다

다윗이 이스라엘의 왕이 된 이후에 나라에는 평화가 찾아온다. 그때 다윗은 사울왕의 아들 요나단과 맺은 언약을 기억하고 생존해 있는 사울의 자손들을 찾기 시작한다. 사울이 모든 권력을 동원하여 자신을 죽이려 하고 배신자로 몰아간 것은 중요하지 않았다. 그에게는 지켜야 할 약속이 있었다. 신하들이 말하기를 사울에게 생존해 있는 손자가 하나 있는데 그는 요나단의 아들이며 므비보셋이라고 했다. 므비보셋은 사울이 죽던 날 유모가 떨어뜨려서 나이 다섯 살 때부터 다리를 절기 시작했다. 그는 사실상 도피 생활을 하고 있었다.

므비보셋은 다윗왕의 갑작스런 호출에 자신이 다음날 떠오르는 아침 해를 볼 수 있을까 생각했다. 그는 즉시로 다윗 앞에 바싹 엎드렸다. 그러나 왕은 그에게 두려워하지 말라고 말한 뒤 그에게 사울왕의 모든 재산을 돌려주겠다고 약속한다. 그리고 다윗은 '왕자 중 하나처럼' 왕의 식탁에서 식사하라고 말한다 삼하 9:11.

진정한 종의 마음을 가진 그리스도의 제자라면 타인이 내게 가한 상처와 악행을 재빨리 용서하고 잊어버린다. 하나님의 종은 언제나 축복하기로 결정한다. 그것이 다른 사람에게 친절을 베풀거나 기쁨을 주는 것이든 아니면 사랑할 수 없는 자들을 구체적인 섬김의 행동으로 적극 사랑하는 것이든 간에 말이다.

이 모든 것은 사실 가르치는 것이 불가능하다. 이것은 불이 붙어야 하는 것이다. 당신을 위해 자신의 모든 것을 내어주신 거룩한 종 예수님에게로 가까이 다가가라. 그분의 불이 당신의 심장에 겸손한 섬김의 불길을 일으키시도록 하라. 그리고 나면 누군가를 찾아가 예수님이 당신을 섬겨주신 것처럼 그들을 섬기라.

04
위엄과 기쁨을 가지고 섬기라
종의 마음으로 섬기되 섬김의 몫을 따지지 말라

&8 토 미 가 말 하 다 8&

오늘날 교회의 문제점 중에 하나는 이것이다. 진정으로 예수 그리스도를 대면하고 싶은 사람이 있다면 크리스천들이 뿌려놓은 오물과 쓰레기 사이를 헤치고 나가야 한다는 것이다. 우리는 거의 항상 종보다는 주인으로 행세하기 때문이다. 그래서 사람들이 실제로 주님을 만날 때에는 그들 중 상당수가 인도의 국가 지도자였던 마하트마 간디의 견해를 갖게 된다. 그는 이런 말을 했다.

"저는 기독교를 좋아합니다. 기독교인들만 아니었다면 저도 기독교인이 되었을 것입니다."

종의 태도가 그 궁궐의 분위기를 결정한다. 당신이 어떤 왕이나 대통령이나 수상 혹은 재벌 사업가를 만날 기회가 있다면 그 사람에 대한 첫 인상을 결정하는 것은 궁궐이나 주택의 아름다움이 아니라 가장 낮은 고용인의 태도이다.

그런 곳에 가게 될 때 당신이 만나는 첫 사람이 누구인가? 당연히 그 집 주인은 아닐 것이다. 대부분의 경우 처음 대한 얼굴은, 아니 두 번째 세 번째 때로는 네 번째까지 처음 대면하는 얼굴은 고용인일 것이다. 마침내 저명한 지도자나 사업가를 만나게 될 때 이미 당신의 첫 인상은 형성되고 굳어지고 단단해져 있을 것이다. 이미 당신이 만난 사람들의 태도로 인해서 말이다.

좋으신 주님을 만나기 위해 우리 교회에 찾아오는 사람들에게도 동일한 일들이 일어난다. 결정적인 차이점은 우리가 우리 주님을 불평과 불만으로 섬기는가 아니면 위엄과 기쁨으로 섬기는가에 달려 있다.

한번은 내가 몇몇 사람들과 함께 어떤 식당이 문을 닫기 20분 전에 들어간 적이 있다. 분명히 그들이 막 떠나려는 참에 우리가 나타났으니 우리는 달갑지 않은 손님들이었다. 나는 생각했다.

'내가 이 식당 주인이라면 더 이상 일하지 않았으면 하는 사람들이 몇 있겠다. 자기 일들에만 바쁘고 손님의 필요를 채

우는 일에는 관심이 없구나.'

누가 당신에게 급료를 지불하는지 아세요?

결국 우리 테이블에 찾아온 사나운 여종업원이 어찌나 불쾌한 태도를 보이는지 나는 그녀에게 말하지 않을 수 없었다.
"물론 힘드시겠지만 저희는 굉장히 배가 고파요. 우리는 음식을 먹으러 왔고 이 집은 열려 있었잖아요."
그녀는 대답했다.
"굳이 말하자면 그렇죠. 아직도 열고 있죠."
그녀의 대답에 기가 죽은 게 아니라 나는 중요한 생각이 떠올랐다. 나는 그녀에게 간단한 질문을 던졌다.
"누가 당신에게 급료를 지불하는지 아세요?"
"물론이죠. 주인이요. 사장 말입니다."
"아니요. 그 사람이 지불하는 게 아닙니다. 손님들이 지불하는 거예요. 그가 당신에게 주는 돈은 사실 우리가 내는 것입니다. 당신은 주인을 위해 일하기 때문에 집에 가려고 하지만 당신은 우리를 위해 일하는 것임을 알아야 해요."
"우리는 주님을 섬기는 것"이라고 말하면서 잃어버린 영혼에 대해 아무 관심이 없는 크리스천들이 교회의 좌석을 가득 채우고 있다. 그들은 하나님의 '빵가게' 안에 굶주리고 깨어지고 도움이 필요해 걸어 들어온 그 '고객'이 바로 이 모든 것의 목적이라는 사실을 전혀 모른다.

우리는 입술을 열어 주님을 찬양한다. 우리가 매주 겸손히 경배하며 '축복이라는 급료'를 받아가는 동안 우리는 손님들을 그냥 돌려보내기 일쑤다. 왜냐하면 그들 때문에 가게에서 제 시간에 퇴근하려는 계획이 엉망이 되기 때문이다. 하나님이 이 땅에서 주인이셨다면 왜 그분의 사업이 번창하고 확장되지 않는지 의아해 하실 것이다. 결국 주님은 그분의 피값으로 교회를 세우기 위해 엄청난 대가를 치르지 않으셨는가.

섬김에서 위엄은 간과할 수 없는 것이다

당신이나 내가 다른 사람들을 섬기는 태도가 하나님의 집의 분위기를 좌우한다. 당신은 어떻게 섬기는가? 당신은 불평과 불만으로 하는가 아니면 위엄과 기쁨으로 하는가? 당신이 거룩한 섬김의 모든 의무를 다한다면 위엄이라는 것은 간과할 수 없는 항목이다.

성서시대의 종들은 옷을 거의 입지 않았었다. 몇몇 역사서들을 보면 당시의 종들이 옷을 입고 일을 한다는 것은 상상할 수 없는 일이었다! 결국 겸손하게 섬기면서 위엄을 유지한다는 것은 쉬운 일이 아니다.

당신은 의료 검사를 받아 본 적이 있는가? 병원에 가서 작은 가운 하나로 온몸을 가려보려고 애를 쓰며 복도에 앉아 기다려 본 적이 있는가? 이보다 더 모든 사람을 순식간에 평등하게 만드는 경험은 없을 것이다.

나는 정기검진을 받던 어느 날을 지금도 기억한다. 기억하기로는 최신식 병원 가운을 입고서 등이 훤히 드러나 보이는 그 가운 때문에 똑같이 불편하게 앉아있는 어떤 남성 옆에 나도 불편하게 앉아 있었다. 우리 모두 사회적 지위는 탈의실에 두고 나올 수밖에 없었다. 나는 설교자로서의 위엄을 내려놓은 것이고 그는 카리브해의 한 섬나라의 정치 지도자로서의 위엄을 벗은 것이었다.

다른 상황이었다면 그는 절대로 그런 모습을 내게 보이지 않았을 것이다. 우리는 두 개의 서로 다른 세상에 살고 있었다. 그러나 바로 그 한날에 우리의 세상은 '정숙함이 불가능한' 탈의실에서 맞닥뜨렸고 우리는 한순간에 친구가 되었다. 사실 우리는 옷을 다시 입고 위엄을 회복한 이후에도 친구로 남게 되었다. 이 친구는 심지어 자신이 미국에 없을 때 미국에 두고 있는 사업의 일면들을 내게 부탁하기까지 했다.

겸손히 살면서 위엄을 유지하기란 어렵지만 불가능한 것은 아니다. 겸손의 위엄을 유지하는 사람들은 종종 깊은 우정을 나누게 된다. 그리스도 안에서 우리 모두는 종이라는 사실을 깨닫는 순간 영속적인 관계 형성이 훨씬 쉽게 이뤄진다.

우리 주님은 발가벗은 채 죽으셨지만
거룩한 위엄 가운데 죽으셨다

이것이 바로 촉매작용을 하는 균형이며 십자가의 역동성이다. 그것은 겸손히 살며 위엄 있게 죽는 것이다. 나는 어떤 작가가 이런 말을 한 것을 기억한다.

"십자가의 발가벗은 영광."

오늘날 대부분의 화가들은 십자가 위의 예수님이 허리에 옷을 두른 것으로 그린다. 그러나 내가 성경을 이해하기로는 예수님은 지나가는 모든 사람들이 보는 앞에 완전히 벗겨진 채 죽으셨다. 그러나 주님은 거룩한 위엄 가운데 죽으셨다.

육신이 죽는 것으로는 충분치 않다. 우리는 위엄을 가지고 죽어야 한다. 종이 된다는 것은 우리의 육신이 끊임없이 죽어야 함을 의미한다. 우리의 자랑과 우리의 소원과 우리의 계획들이 죽어야 한다. 그것이 우리의 인생 문에 배달된 그리스도의 십자가다. 그리고 그것이 우리가 날마다 따라야 할 법정 소환서이다. 우리가 진지하게 종이 되려고 할 때 우리는 교만의 가면 뒤로 "나는 이걸 하기 원하는데 주인은 그걸 원하지 않아" 이런 마음을 숨기며 가는 경향이 있다.

때로는 섬김의 삶이 요구하는 발가벗음과 투명성 때문에 당혹스러울 때가 있다. 나는 얼마 전 유명한 한 크리스천 가정이 쓴 책의 초고를 읽은 적이 있다. 나는 그들이 그 책에서 보여준 투명성에 놀랐다고 회답한 적이 있다.

우리가 살면서 다른 사람들을 섬기는 것은 마치 우리가 인물사진을 찍는 사진기사의 카메라 앞에 서는 것과 같다. 물론 옷을 제대로 갖춰 입었지만 배도 잡아당기고 가슴은 내밀고 턱은 높여서 가장 멋진 자세가 나왔으면 하는 것이다. 우리들 대부분이 미켈란젤로의 조각상 같은 외모는 거의 없기 때문이다. 우리 몸은 우리가 있어야 할 자리에 맞추려는 경향이 있다. 그리고 우리는 틀림없이 우리가 있어야 할 자리에 있는 것이다.

당신이 섬김으로의 하나님의 소명에 순종하려 한다면 언젠가는 자신의 단점 숨기는 것을 멈추고 있는 그대로 자기 자신이 되어야 한다. 우리는 이렇게 부름받았기 때문이다.

"저는 그저 종일뿐입니다. 제가 뭘 도와드릴까요?"

사랑은 대수롭지 않은 것을 아름다운 것으로 바꾼다

우리가 이것을 적절하게 잘 하면 우리는 대수롭지 않은 것을 아름다운 것으로 바꾸게 된다! 이런 상상을 해 보자. 한 남성이 부드러운 손길로 임종을 앞두고 있는 자신의 사랑하는 배우자의 이마를 쓰다듬으며 앉아 있다. 그녀는 침대에 누워 아무 반응도 할 수 없으며 이제는 더 이상 사랑의 눈빛이나 부드러운 손길로 교감할 수도 없다. 그럼에도 불구하고 그 남편이 그녀에게 베푸는 자상한 섬김으로 인해 그녀는 고통 중에서도 기품을 갖게 된다. 나는 임종을 앞두고도 놀라운 기품을 유지하는 경우들을 수없이 목격했다. 간병인이 시원한 수건으로 병자의 얼굴을 닦아주는 사랑의 손길을 보고 있노라면 그것은 대수롭지 않은 일이지만 눈물이 날 정도로 아름다운 것으로 바뀐다.

우리 집의 주인이신 예수님은 문자 그대로 그분의 명성을 종인 우리들에게 맡기셨다 롬 2:24. 우리는 다른 이들을 위엄과 기쁨을 가지고 섬기는 즐거움이 무엇인지 배워야 한다. 그래야만 우리는 주님을 찾는 사람들에게 걸림돌이 되지 않을 수 있다.

＊ 데 이 빗 이 말 하 다 ＊

런던에서의 여행 중에 내 아들 론과 나는 전혀 예상하지 않은 곳에서 위엄의 아름다움에 대한 교훈을 배우게 되었다. 기쁘게도 영국의 근위병들이 동화처럼 반짝이는 빨간 제복을 입고 길다란 검은 모자를 쓰고 우리 쪽으로 행진해 오는 것을 보았다.

그 모습이 얼마나 감격적이었는지 모른다. 그러나 그때 그들의 군악대가 갑자기 '생일축하곡'을 연주하기 시작했다! 놀랍게도 영국 여왕이 갑자기 나타났다. 그날은 그녀의 생일이었다. 90세가 족히 된 영국의 사랑스런 국모가 런던 거리의 사람들과 어울려 자신의 생일을 축하하는 것이었다. 그녀를 바라보는 동안 나는 그녀가 군중들 사이에서도 유지하고 있는 그 위엄에 깊은 감동을 받았다.

예수님은 위엄과 기쁨으로 섬기셨다

사실 위엄은 왕에게 기대하는 특성이지 종에게 기대하는 것이 아니다. 예수님은 왕이셨다. 그러나 그분은 또한 위엄과 기쁨으로 섬기신 종이기도 하셨다. 이 생각이 나게 하는 일이 하나 있다. 그것은 국제연합UN의 군대와 미군이 아이티서인도제도에 있는 섬나라를 침공한 이후 내가 아이티를 방문하고 나서 텍사스에 왔을 때의 일이다.

나는 친구 맥스 그라이너를 만났고 '거룩한 종'이라는 그의 아름다운 조각품을 볼 기회가 있었다. 그 조각품은 베드로의 발을 씻기는 예수님 실제 크기의 동상이었다. 이 동상은 전 세계에서 찬사를 받는 작품이었다. 그 동상을 살펴보고 그 작품을 만든 믿음의 사람을 생각해 보니 맥스의 조각품은 그저 예술품이 아니라는 것을 깨달았다. 남아프리카 공화국에 돌아가서 나는 캐롤에게 말했다.

· "그것은 작품 이상의 것이었어. 그것은 예언적인 표현이었어. 마치 우리가 십자가와 대야를 가지고 하는 사역처럼 말이야."

내가 이 말을 하는 것은 본 것이 있기 때문이다. 맥스가 이 작품을 보러오는 사람들을 위해 기도할 때 기적들이 일어나는 것을 보았기 때문이다.

몇 주 뒤에 주님께서 내게 다시금 도전을 주셨다.

"지난 수년간 너는 수천 명의 사람들이 내게 돌아오는 것을 보았다. 도시 전체가 부흥케 되는 경험도 하였다. 그러나 종들은 다 어디에 있는 것이냐?"

나는 기도 가운데 이 문제를 놓고 씨름했다. 그리고 결국 주님이 이렇게 약속하시는 것을 느낄 수 있었다.

"내가 네게 보여주려는 것을 신실하게 행한다면 너는 수천 명의 종들을 추수하게 될 것이다."

이 말씀을 듣고 나는 그 즉시로 12일간 금식하며 기도했다. 그러자 주님은 '섬김은 축제'라는 생각을 내게 불어넣어 주셨다. 주님은 말씀하셨다.

"이제는 가서 사람들에게 섬김이 기쁨이라는 것을 보여주어라."

많은 사람들이 교회에서든 거리에서든 섬기려 하지 않는 것은 섬김이라고 하면 보통 무뚝뚝하고 초라해 보이는 할머니가 흰 머리에 끈 하나 질끈 묶고 일하는 모습을 연상하기 때문이다. 그런 전형적인 모습을 상상하는 것은 사실도 아니며 합당하지도 않다. 나는 얼마나 많은 할머니들이 기쁨으로 자신들의 은사를 가지고 섬기는지 알기 때문이다.

경건한 섬김은 거룩한 기쁨이다

내가 주님의 음성을 기다리는 동안 주님은 성경의 위대한 종들을 묵상하도록 하셨다. 그들 중 누구도 하나님을 섬기는 것이나 타인을 섬기는 것을 고된 일로 생각하지 않았다. 그들에게 섬기는 것은 거룩한 기쁨이었다.

- 예수님은 기쁨으로 제자들을 섬기셨다.
- 요셉은 기쁨으로 바로를 섬겼다.
- 룻은 기쁨으로 나오미를 섬겼다.
- 다윗은 기쁨으로 하나님의 일을 섬겼다.
- 엘리사는 기쁨으로 엘리야를 섬겼다.
- 디모데는 기쁨으로 바울을 섬겼다.

이들이 한결같이 섬기는 일을 영예롭게 여길 수 있었던 것은 바른 섬김은 고된 일이 아니라 위엄과 기쁨이기 때문이다.

주님은 또한 내게 말씀하셨다. 섬김은 우리가 하는 무엇인가가 아니라 우리의 모습 그 자체여야 한다는 것이었다. 어떻게 그러한 일이 일어날 수 있는가? 우리가 희생적인 섬김이라는 하나님의 원리에 헌신하면 된다. 그러면 하나님께서 우리의 '영적 유전자'를 변화시키셔서 우리를 기름부음 받은 하나님의 종으로 변화시키시며 바로 이때 그런 일이 가능하게 된다.

요셉의 삶은 성경에서 경건한 섬김을 가장 완벽하게 보여주는 그림 중 하나이다. 당신은 요셉이 채색옷을 입은 채 웅덩이에 버려진 작은 아이 정도로 생각하거나 꿈을 해석한 사람 내지 위대한 통치자라고 생각하는가? 물론 요셉은 그런 사람이었다. 하지만 그의 가장 큰 업적은 그가 종일 때 이룬 것이다.

요셉은 두 가지 큰 영역에서 섬기는 사람이었다. 다른 사람들의 종이 되었고 자기 가족에게 종이 되었다. 가족에 대한 그의 섬김은 불안하게 시작되었다. 왜냐하면 어린 소년이었던 그가 자기 형들이 언젠가는 자신에게 절하게 되리라는 꿈을 꾸었기 때문이다. 그는 지혜롭지 못하게 그 계시를 형들과 나누었고 마침내 웅덩이에 빠져서 노예로 팔려가게 되었다.

태생으로는 아들이지만 중생으로는 종이다

어린 시절 요셉은 그가 장성하여 깨닫게 된 것들을 다 이해하지 못했었다. 토미와 내가 이에 대해서 대화하는 동안 토미는 이 점을 이렇게 표현했다.

"당신이 아들이라고 해서 정말 주권자가 되는 것은 아니죠. 당신이 아들의 자리에서 종의 자리로 가면 종의 자리에서 다시 주권자의 자리로 가는 것이죠. 그 자리는 태생으로는 아들이지만 중생으로는 종이 되는 자리입니다. 요셉이 곧장 이집트의 총리대신이 된 게 아닙니다. 그는 종의 입구를 통해 정상에 이르렀죠. 오랜 세월 후 예수님은 하늘 보좌를 버리고 종의 입구를 지나 섬김의 수건을 허리에 동이셨고 마침내 십자가에서 우리를 위해 자신의 목숨을 바치셨습니다. 그리고 나서야 비로소 주님은 다시금 아버지의 보좌 우편에 오르신 것입니다."

요셉은 광야 웅덩이에서 벗어나는가 싶더니 노예의 자리에 이르렀다. 그러나 성경은 그가 은혜를 입었고 바로의 시위대장 보디발의 개인비서와 같은 종이 되었다고 말한다.

> "요셉이 그의 주인에게 은혜를 입어 섬기매 그가 요셉을 가정 총무로 삼고 자기의 소유를 다 그의 손에 위탁하니 그가 요셉에게 자기의 집과 그의 모든 소유물을 주관하게 한 때부터 여호와께서 요셉을 위하여 그 애굽 사람의 집에 복을 내리시므로 여호와의 복이 그의 집과 밭에 있는 모든 소유에 미친지라" 창 39:4-5.

요셉은 진정한 종의 마음을 가진 사람이었다. 그러기에 하나님은 요셉이 손대는 모든 일을 형통케 하셨다. 그러나 경건한 사람들도 때로는 시험과 시련을 통과한다. 보디발의 아내가 요셉을 유혹하려고 할 때 그는 그녀의 유혹을 뿌리친다. 그러자 요셉이 자신을 덮치려 했다고 여인이 거짓말을 했고 요셉은 부당하게 감옥에 갇히게 된다. 그러나 그의 섬김은 멈추지 않았다.

종의 마음은 언제나 전해지기 마련이다

하나님은 요셉이 간수장에게 은혜를 입게 하셨다. 간수장은 요셉에게 감옥의 제반 사무를 담당시키고 어떻게 일처리를 하는지 확인도 하지 않았다 창 39:22-23. 그때 왕의 술 관원장과 떡 관원장이 왕의 심기를 불편하게 하여 요셉이 있는 감옥에 들어오게 된다. 성경은 말한다.

"친위대장이 요셉에게 그들을 수종들게 하매 요셉이 그들을 섬겼더라 그들이 갇힌 지 여러 날이라" 창 40:4.

토미가 이런 말을 했다.
"요리사가 요리를 잘못해서 감옥에까지 갈 정도면 얼마나 심했던 거야?"

요셉이 지닌 종의 마음은 그가 집에서 섬기든 감옥에서 섬기든 결국에는 전해지기 마련이었다. 하나님은 요셉에게 술 관원장과 떡 관원장의 꿈을 해석할 수 있는 통찰력을 주셨다. 결국 그 두 사람은 요셉의 꿈 해석대로 되었다. 떡 관원장은 교수형에 처해졌고 술 관원장은 전직이 회복되었다. 2년 뒤 바로가 악몽에 시달리고 있을 때 술 관원장은 요셉을 기억하고 그를 왕에게 언급한다. 요셉은 왕의 꿈을 정확하게 해석해 냈고 마침내 30세의 나이에 전 이집트를 통치하는 총리가 된다 창 40:8-41:44.

　지혜로운 요셉은 바로의 꿈에서 하나님께서 계시하신 대로 7년간의 풍년에 이집트 각 도시마다 곡식 저장창고를 만든다. 이후로 요셉이 바로의 꿈을 해석한 그대로 7년간의 흉년이 찾아온다. 요셉은 이집트에서 바로왕 다음의 위치와 권력을 가지고 있었지만 자신의 의무를 행함에 있어서는 신실한 종으로 행동했고 하나님은 그가 하는 모든 일에 복을 주셨다. 기근이 요셉의 가족에게 닥쳤을 때 그들은 이집트에 곡식이 풍성하다는 소문을 듣는다. 요셉의 아버지인 야곱은 11명의 형제들 중에 10명의 아들들에게 곡식을 사오라는 임무를 맡긴다 창 41:46-42:3.

　요셉의 형들이 그 앞에 안내를 받아 들어갔을 때에도 그들은 전혀 요셉을 알아보지 못했다. 왜냐하면 그들은 요셉이 죽은 줄로 생각했기 때문이다. 요셉은 자신의 정체를 밝히지 않고 그들을 정탐꾼이라고 몰아세웠다. 마침내 요셉은 형들에게 곡식을 주기로 합의했지만 다시 돌아올 때는 막내 동생을 데려와야 한다고 못을 박았다. 그리고는 둘째 형인 시므온을 볼모로 붙잡아 두어서 그들이 이집트에 다시 돌아오도록 만들었다 창 42:15-20.

　일련의 두려운 시험을 통과한 이후 형들은 큰 두려움 가운데 막내 동생 베냐민을 데리고 이집트로 돌아왔다. 요셉은 자기 집에서 그들과 만나도록 자리를 마련하고 그들이 도착하기 전에 음식을 준비해 두었다. 그 다음에 전개되는 이야기를 보면 진정한 종의 마음을 가진 사람은 신분이나 환경에 상관없이 이렇게 행동하는구나 알게 된다.

요셉은 자기 가족을 섬겼다

극적인 재상봉 이후에 요셉은 자신이 누구인지 형제들에게 알려준다. 그때 그가 이렇게 말한다.

"하나님이 큰 구원으로 당신들의 생명을 보존하고 당신들의 후손을 세상에 두시려고 나를 당신들 앞서 보내셨나니 그런즉 나를 이리로 보낸 자는 당신들이 아니요 하나님이시라 하나님이 나로 바로의 아비를 삼으시며 그 온 집의 주를 삼으시며 애굽 온 땅의 치리자를 삼으셨나이다 당신들은 속히 아버지께로 올라가서 고하기를 아버지의 아들 요셉의 말에 하나님이 나를 애굽 전국의 주로 세우셨으니 내게로 지체 말고 내려오사 아버지의 아들들과 아버지의 손자들과 아버지의 양과 소와 모든 소유가 고센 땅에 있어서 나와 가깝게 하소서" 창 45:7-10.

요셉은 보디발의 집에서나 바로의 감옥에서나 바로의 궁정에서도 신실하게 세상을 섬겼던 인물이다. 마침내 그는 동일한 신실함으로 자기 가족을 섬겼다. 우리도 이와 같이 하고 있는가, 아니면 우리 자신만을 섬기고 있는가? 나는 성경에서 진실한 종의 네 가지 특징을 발견하게 된다. 그것은 성인(聖人)이든 죄인이든 누구나 공감하는 것이다. 우리는 섬김에 대한 하나님의 기준에 이르고 있는지 스스로 점검해 봐야 한다. 나는 이 특징들을 '종이라고 인정하게 해 주는 네 가지 길'이라 명명하겠다.

1. 종은 즐거움으로 섬긴다

이사야서에 이런 말씀이 있다.

> "보라 나의 종들은 마음이 즐거우므로" 사 65:14.

자신이 섬기는 분이 누구신지 안다면 그 종은 즐거움이 넘칠 것이다. 예수님은 우리가 모든 일을 할 때 주님을 위해서 하는 것으로 생각해야 한다고 말씀하셨다 마 25:40. 우리가 진실한 종이 되어 항상 자발적인 기쁨으로 섬겨야 하는 것은 그래야만 우리가 행하는 사랑의 섬김이 계속해서 위엄과 기쁨을 유지할 수 있기 때문이다.

남아프리카의 더반에 살고 있는 내 친구 목사는 그 아내와 더불어 6주 동안 먼 여행을 떠난 적이 있었다. 그는 귀국하면서 공항에서 가족들과 교회 장로들의 따뜻한 환영을 받을 것이라고 기대했다. 세관을 지나 짐을 챙겨서 나오는데 아무도 마중을 나오지 않았다.

그때 실크 모자를 쓰고 흰 장갑을 끼고 턱시도를 입은 한 남성이 보였다. 그가 들고 있는 작은 표지판에 내 친구의 이름이 적혀 있었다. 내 친구는 뭔가 잘못된 것이겠지 생각했지만 그 신사에게 다가가서 자신을 소개했다. 그 신사는 즉시로 감사를 표하더니 그들의 짐을 들고 공항 밖에 주차되어 있는 롤스로이스 리무진으로 그들을 인도했다. 그들은 뒷좌석에 앉았고 리무진은 그들의 집으로 향했다.

그즈음 내 친구 목사 부부는 댄스파티에 가는 10대들처럼 즐겁게 웃고 있었다. 롤스로이스가 집에 당도하자 그들은 리무진에서부터 집앞까지 아름다운 붉은 카페트가 깔려 있는 것을 발견했다. 그들이 집에 들어가자 온 교회의 리더십이 깜짝 파티를 하려고 기다리고 있는 것이었다.

테이블마다 아름다운 테이블보가 깔려 있고 그 위에 맛있는 케이크들과 멋진 찻잔들이 놓여 있는 것이 아닌가. 잊을 수 없는 귀국 축하 행사와 교제는 20분만에 끝이 나고 장로들은 "자, 이제 떠납시다"라고 말했다. 교회의 리더들은 순식간에 집과 부엌을 청소해 놓고 미리 약속해둔 대로 한순간에 사라졌다. 그 목사 부부는 교회의 신실한 종들로 인해 하나님 앞에 감격하여 감사하지 않을 수 없었다. 자원함과 즐거움으로 섬기는 종들은 그들이 섬기는 사람들에게 새 힘과 회복을 가져다주는 것이다.

남아프리카의 작은 도시 나탈에서도 또 다른 모양으로 섬김의 즐거움을 발견한 적이 있다. 그곳에서 나는 오백 석 정도 되는 아름다운 본당을 가진 어느 지역교회를 방문했다. 그 교회는 마을에서는 상당히 큰 규모의 교회였다. 벽돌로 지은 외관이 너무나 아름다워서 성도들에게 그 말을 했다. 그러자 놀랍게도 그들은 자신들이 건축한 것이라고 말했다. 하지만 교회 건축이라고 하면 교회가 건축사를 고용해서 설계도를 그리게 하고 재정을 모아 시공사를 고용해서 그렇게 지어가는 것이 아닌가. 내가 그런 질문을 하자 그들은 말했다.

"아니요. 우리 손으로 우리가 지었습니다."

교회 건축위원회에 경험이 있는 사람이라면 누구나 알 것이다. 그런 일을 진행할 때는 언제나 엄청난 논쟁이 일어나는 법이다. 나를 초대한 분들에게 어떻게 교인들이 교회 건축을 하게 되었느냐고 물었더니 그들은 대답했다. 매주 토요일마다 함께 모여 이 일을 했다는 것이다. 형제들 중 일부는 콘크리트를 혼합하고 또 일부는 외바퀴 손수레를 담당하고 또 다른 이들은 벽돌을 쌓았다. 자매들은 피크닉 바구니에 음식을 가져와서 아이들이 노는 동안 함께 교제를 나누었다.

2년 동안 매주 토요일마다 그렇게 했다는 것이다. 나는 생각하기를 그때가 이들의 교회 역사에서 상당히 시끄러운 시기가 아니었겠는가 했다. 그래서 말했다.

"공사가 다 끝났을 때 무척 기쁘셨겠군요."

그러나 그들의 대답은 예상 밖이었다.

"아니요, 정반대입니다. 건축이 끝났다는 것이 정말 아쉬웠죠. 우리는 그때 나눈 그 교제를 너무나 그리워한답니다."

그 교회 성도들에게는 104주 동안 매주 토요일에 모여 주님을 섬기고 서로를 섬긴 것이 즐거움이었다. 왜냐하면 그들의 섬김은 위엄과 기쁨으로 행한 것이었기 때문이다. 그들은 즐거움으로 섬겼던 진정한 종들이다.

2. 종은 결코 이렇게 묻지 않는다 "내 몫은 무엇이죠?"

종 요셉은 이집트에서 가장 낮은 자리에 처했을 때나 하나님이 그를 높여 바로왕 다음의 자리로 높이셨을 때나 변함없이 축복하는 길을 선택했던 사람이다. 그는 결코 질문하지 않았다.

"내 몫은 무엇이죠?"

그는 그저 감옥이든 왕궁이든 어디서든간에 종의 옷을 입기로 선택했다. 하나님은 섬김의 리더십을 기뻐하신다. 하나님의 아들 예수님은 구체적인 삶 속에서 이타적인 섬김의 리더십이 무엇인지 최고의 본보기를 보여주셨다.

몇 년 전 나는 십자가와 대야를 지고 빅토리아 폭포 북미주의 나이아가라 폭포에 비견되는 아프리카 최대의 폭포에서부터 루사카까지 간 적이 있었다. 수백 마일의 거리를 여행하는데 두 달 반의 기간이 걸릴 것으로 예상했다. 나는 통역자가 필요했고 며칠이 안 되어 하나님은 볼스터라는 친구를 내게 보내주셨다. 그는 가난한 환경에서 자란 청년이었고 물론 나는 처음 보는 사람이었다. 그는 직장이 있었지만 수입이 별로 좋지 않았다. 나중에 털어놓은 이야기이지만 아내와 더불어 고기를 먹는 것은 한 달에 두 번 밖에 되지 않는다는 것이었다. 그것도 한 번은 닭고기였고 다른 한 번은 생선이었다. 그 외에는 늘 옥수수 죽만 먹으며 살아왔다.

볼스터는 나를 섬기겠다고 결심한 터라 보수도 받지 않고 통역자로 나를 따라나섰다. 13주 동안의 여정에서 우리는 수없이 많은 고초를 겪었지만 그는 한 번도 내게 질문하지 않았다.

"내 몫은 무엇이죠?"

마침내 캐롤이 여정의 마지막에 우리와 합류했다. 사람들이 우리의 사역에 대해 인지하기 시작하면서 마침내 기부금도 들어오기 시작했다. 마침내 캐롤과 나는 충분한 재정을 갖게 되었고 볼스터를 축복하기로 마음을 모았다. 그는 지난 시간 동안 어떤 종류의 보수도 그 무엇도 요구한 적이 없었다. 그러나 우리는 주님이 말씀하시는 것을 알았다.

"볼스터에게 너희가 가진 모든 것을 주어라. 집에 갈 만큼의 기름값만 빼고 다 주어라."

우리는 하나님의 명령에 순종하여 즉시 우리가 가진 모든 것을 볼스터에게 주었다. 나중에 안 것이지만 그 액수가 그에게는 아홉 달 치의 월급에 해당하는 것이었다! 주님이 그의 종 볼스터에게 복 주시기로 결정하신 것은 그가 한 번도 요구하지 않았기 때문이다.

"내 몫은 무엇이죠?"

솔직히 그 선물로 인해 볼스터가 기뻐했던 것보다 우리가 더 기뻤다. 우리는 마치 부모가 자녀들의 기뻐할 모습을 상상하며 기꺼이 선물 보따리를 열어놓는 것처럼 그렇게 부모의 심정으로 기뻐할 수 있었다.

3. 좋은 섬길 기회를 찾는다

종은 뒤로 물러서거나 인정을 받을 기회를 찾는 것이 아니라 섬길 기회를 찾는다. 우리의 친구 톰은 영국출신의 젊은이로서 파도타기 좋은 곳을 찾아 남아프리카 공화국까지 왔었다. 그는 긴 금발머리에 태양빛에 잘 그을린 몸을 가지고 있는지라 이제 막 잡지에서 튀어나온 모델처럼 보이는 친구였다.

톰이 남아프리카의 해변도시인 동 런던에 처음 도착했을 때 그는 '완벽한 파도'를 찾고 있는 스물다섯의 청년이었다.

그러나 그가 파도를 타는 동안 하나님은 그를 붙잡으셨고 그의 인생을 완전히 변화시키셨다.

그는 동 런던의 거리를 지나면서 사람들이 외면하는 길거리의 아이들을 주목하기 시작했다. 대부분의 아이들은 그 지역의 최대 부족의 언어인 코르사를 사용했다. 처음에 톰은 그들의 언어를 사용하지 못하면서도 이 아이들이 집이라고 부르는 큰 홍수방지 하수구에 따라가 그들의 친구가 되었다. '톰의 아이들' 대부분은 심각한 상태였다. 왜냐하면 아이들이 석유 성분이 가득한 접착제를 불며 유독성 가스를 마시고 거리에서 쉽게 구할 수 있는 유독성 알코올 음료들을 마시고 있었기 때문이다.

톰은 그 아이들을 그대로 방치해 둘 수 없었다. 그래서 나라의 철도청에 가서 관리들에게 이야기했다. 그러자 그들은 톰에게 이글루 모양의 구조물들을 주었고 그는 그 구조물들을 세워 아이들을 보호할 수 있었다. 그리고 그는 어머니와 같은 한 여성의 도움을 얻어 이 아이들을 돌보았다.

그는 이렇게 저렇게 재정을 모아서 깨끗한 기숙사를 만들고 아이들을 교육할 수 있는 시설도 만들었다. 그 아이들을 만났을 때 대부분의 아이들은 학교를 다니지 않았기 때문이다. 톰은 또한 선생님들을 모집해서 아이들이 정규 교육을 받을 수 있도록 해 주었고 마침내 아이들은 그 지역에 있는 공립학

교에 입학하게 되었다.

    몇 년 만에 톰은 동 런던의 길거리를 모두 청소해 버린 것이다. 그는 길거리의 아이들이 모두 함께 거룩하게 살 수 있는 환경을 만들어냈다. 그리고 그 과정에서 그들 대부분은 예수님을 구주로 영접했다. 이미 톰은 그 지역 사람들이 사용하는 언어인 코르사를 잘 구사하게 되었다. 처음에 그는 자신의 소명에 대해 전혀 모르고 있던 한 젊은 파도타기 선수였다. 하지만 그는 주님의 부름에 "네"라고 응답했다. 톰이 진실한 종인 것은 그가 섬길 기회를 찾았기 때문이다.

4. 종은 아무 보는 이 없을 때에도 섬긴다

    사람들 앞에서보다 홀로 있을 때에 온전하게 사는 것이 더 중요하다. 캐롤과 나는 온 세상이 바라볼 때 하는 일들보다 아무 보는 이 없을 때 우리가 집에서 하는 일들이 더 중요하다고 믿는다. 이유는 간단하다. 하나님은 우리가 드러내놓고 사람들에게 하는 행위보다 우리 중심의 순전함에 더 관심이 있으시기 때문이다.

    예전에 우리 고향 교회에서 몇 년간 행정담당자로 섬겼던 한 원로 협동 목사님이 있다. 성도들의 숫자는 성인이 2천 명이었고 전임 목회자들만 13명이나 되었다.

    어느 날 밤 우리는 국제적으로 유명한 내빈 한 분과 모임을 갖고 있었다. 모임은 늦은 시간까지 계속되었고 늦게서야 15명의 사람들이 저녁을 먹으러 근처의 스테이크 집으로 갔다. 거의 자정 가까운 시간이었고 우리는 즐거운 시간을 가졌다. 그때 행정담당자이자 귀한 친구인 키이스가 그 자리에 없다는 것을 깨달았다. 그의 아내가 와 있길래 남편이 어디에 있냐고 물었다. 그러자 대답하기를 망설이며 이렇게 말했다.

"교회에 있어요. 내일 모임을 위해서 본당 준비도 하고 의자들도 정리해야 하거든요."

나는 교회에 관리인도 있고 다른 직원들도 있는데 왜 그랬느냐고 묻자 그녀는 말했다.

"남편은 그냥 그 일을 자기가 하고 싶어 했어요."

키이스는 자정에 교회에서 혼자 일을 하고 있었으며 만약 내가 물어보지 않았다면 아무도 그 사실을 모를 뻔했다. 그가 그 일을 했던 것은 그에게 진정한 종의 마음이 있었기 때문이다. 정말 중요한 것은 아무도 보는 이 없을 때 당신이 무엇을 하는가이다.

나는 영국에 가면 게리 암스트롱이라는 친한 친구 집에 머물곤 한다. 일찍이 나는 그가 독특한 생활방식을 갖고 있다는 점을 눈치 채고 있었다. 매일 아침 그는 일찍 일어나서 차를 끓이고 아침식사를 준비한다. 그리고 나서는 또 한 잔의 차를 끓이고 아침식사를 준비해서 쟁반에 담는다. 그리고는 쟁반을 들고 옆집에 가서 도리라고 하는 작은 여인에게 아침식사를 대접한다. 도리는 90대의 할머니였다. 게리가 집에 있는 동안이면 그는 출근하기 전에 도리가 잘 지내는지 집 정돈이 잘 되어있는지 언제나 확인하였다.

저녁에 집에 돌아오면 아내에게 부탁하여 차를 한 잔 준비하고 식사를 준비해서 도리에게 가져가는 것이었다. 저녁마다 도리 할머니의 집에 모든 것이 괜찮은지 다시 한 번 꼼꼼하게 확인하였다.

하루는 내가 말했다.

"게리, 자네가 예수님 때문에 구원받은 거 말고도 자네는 아무도 보는 이 없을 때 이 할머니를 섬긴 것으로 인해 천국에서 기억될 거 같아. 자네는 그녀에게 예수님이란 말일세."

'아무도 보는 이 없을 때 당신이 무엇을 하는가가 중요하다'는 이 원리는 사역에서도 마찬가지로 적용된다. 우리가 세계 곳곳에서 여러 교회를 찾아가 간증하고 나면 종종 열정을 가진 젊은이들이 우리의 다음 여행에 동행하여 섬기겠다고 한다. 그들의 열정은 귀한 것이다. 하지만 이 젊은이들 중에 그들이 치러야 할 제자도의 대가가 무엇인지를 아는 사람은 그다지 많지 않다.

우리는 보통 우리가 현장에서 겪은 어려움이나 고통에 대해서는 교회 성도들에게 거의 말하지 않는다. 왜냐하면 우리의 주된 목적은 그들을 격려하는 것이기 때문이다. 그렇기 때문에 대부분의 사람들은 이 사역이 영광스럽다기보다는 고통스럽다는 것을 알지 못한다. 한번은 제 3세계 국가에서 여행할 때였다. 어느 날 밤 우리 통역자가 사고를 쳐서 자기 침대를 오물 범벅으로 만들어 버렸다. 그는 너무나 부끄러운 나머지 다시는 나를 볼 수 없을 것이라 생각하고 도망쳐 버렸다.

주님은 내게 그의 침대 이불을 빨라고 말씀하셨다. 그의 침대는 그야말로 역겨운 꼴을 하고 있었지만 말이다. 나는 주님께 순종했고 이불을 깨끗이 빨았다. 그리고는 그 통역자의 침대에 깨끗한 이불보를 덮어두었다. 그날 밤 그가 다시 돌아왔다. 주님은 내게 그 소중한 사람을 그저 축복하라고 말씀하셨고 결국 그 사랑이 그를 회복시켰다. 교회 밖에서 사역해 본 경험이 거의 없는 대부분의 크리스천들은 사역의 이면을 보지 못한다. 사람들이 당신에게 침을 뱉거나 욕설을 퍼부은 적이 없기 때문이다. 그러나 아무도 보는 이 없을 때 당신이 하는 것, 그것이 정말 중요한 것이다.

내가 행한 것 같이 너희도 행하라

하루는 예수님께서 자기의 때가 가까워 온 것을 제자들에게 말씀하시면서 거기에 있는 그 누구도 예상치 못한 일을 하기 시작하셨다. 겉옷을 벗으시고 종의 수건을 들어 제자들의 발을 닦으신 것이다. 그러고 나서 주님은 말씀하셨다.

> "내가 주와 또는 선생이 되어 너희 발을 씻었으니 너희도 서로 발을 씻어 주는 것이 옳으니라 내가 너희에게 행한 것 같이 너희도 행하게 하려 하여 본을 보였노라" 요 13:14-15.

그리고 또 예수님은 말씀하시기를 너희도 이것을 행하면 즐거움이 있을 것이라고 하셨다 요 13:17. 주님의 말씀은 진리이다. 우리가 인생에서 진정한 즐거움을 누리기 원한다면 우리는 종의 마음을 가져야 한다.

오늘날은 모든 것이 '가벼운' lite 시대가 되었다는 것을 아는가? 마가린도 콜라도 맥주도 심지어는 막대사탕까지도 '가벼운' 것으로 마케팅하는 것을 보았다. 문제는 무엇인가를 '가벼운' 것으로 만들려면 그 안에서 핵심적인 성분을 제거하고도 동일한 제품이라는 느낌을 주기 위해 대체물을 집어넣어야 한다는 점이다. 제대로 된 성분은 빠졌지만 맛은 그대로인 것으로 가장하는 것이다. 세상은 우리의 오감을 사로잡을 수 있는 것들을 주겠다고 하지만 우리가 치러야 하는 대가에 대해서는 말하지 않는다.

당신이 종이 되지 않고 기독교를 받아들이는 것은 불가능하다. 소위 기독교 복음이 선포되었을지라도 인생들을 변화시키지 못한다면 그것은 무기력한 것이다. 당신이 진정 비교할 수 없고, 제어할 수 없는 십자가의 능력과 예수 그리스도의 종의 마음을 생각해 본다면, 무기력한 복음은 말하자면 '가벼운 복음'인 것이다. 누군가 너무나 많은 양분들을 제거해 버려서 그 안에 열기도 불도 사그라진 것이다. 누군가 핵심적인 성분은 다 빼 버리고 요약본을 가지고 원본과 같다고 주장하는 것이다. 십자가까지 이르는 길에는 요약본이 있을 수 없다.

예수님은 자신의 때가 가까워 옴을 아셨다. 주님은 자신의 진정한 목적지에 도착하는 지점을 아셨고 아무것도 주님을 막을 수 없었다. 자신의 결정적인 시기가 왔음을 아는 하나님의 사람들은 과연 어디에 있는가?

"주님, 당신의 임재 없이는 살 수가 없습니다! 내 인생에 주님의 역사하심이 없이는 살 수가 없습니다!"

이렇게 열정적으로 간절히 하나님 앞에 기도하며 하나님을 갈망하는 종들이 어디에 있는가?

확신하건대 하나님은 지난 세기에 이미 경험했던 것들을 능가하여 놀라운 규모로 새로운 일들을 행하실 것이다. 그러나 그런 일들이 시작되기 전 하나님은 우리가 그리스도의 십자가를 지고 육체의 계획들을 내려놓음으로 위엄과 기쁨을 가지고 섬김의 자리에 서기를 원하신다. 그럴 때에만 비로소 우리의 인생은 변화를 일으킬 수 있기 때문이다.

나는 '가벼운 기독교'에는 관심이 없다. 나는 경량급 크리스천이 되기를 원치 않는다. 이 시대는 하나님께서 말씀하신 대로 '말할 수 없는 탄식'의 시대이다 롬 8:26. 이 말은 우리가 잠잠히 다음과 같이 기도하기 시작할 때 성령 안에서 경험하게 되는 거룩한 간절함이다.

"아버지 하나님, 누군가를 변화시키기 원하신다면 저를 변화시켜 주옵소서. 어떠한 대가를 치르든 상관 없습니다!"

05
섬김은 능력의 문제가 아니라 마음가짐의 문제다

존재 자체로 섬기라

❦ 토 미 가 말 하 다 ❦

개인용이든 상업용이든 비행기를 조종할 때 고도 조절은 조종사의 생사를 좌우하는 문제다. 고도 조절에 따라 안전한 비행이 되느냐 치명적인 사고가 나느냐 결정되기 때문이다. 많은 경우 고도 조절은 새로운 지형에서 비행하거나 새로운 항로를 운항할 때 또는 비행을 멈추고자 할 때 발생하는 상황이다. 산이나 장애물을 피하려면 고도를 높여야 하고 착륙을 준비하려면 고도를 낮춰야 한다.

이와 같이 종이 되어가는 여정에도 조절해야 할 것들이 있다. 인생의 고도 조절은 태도의 다양성에 관한 것이다. 또한 인생의 고도 조절이 필수적인 것은 세상의 변화무쌍한 지형들 사이로 바르게 운항하기 위함이다. 변화는 우리에게 생사가 걸린 문제다. 그러므로 조절의 필요성을 감지하는 통찰력이나 시야가 필수적으로 요구되는 것이다.

'긍휼'은 기적의 탄생지이다. 그리고 '마음'은 우리가 이 땅에서 경험하는 모든 기적의 모태이다. 하나님의 아들 예수님이 나사로를 죽은 자 가운데서 일으키시기 전 주님은 인자로서 슬픔 가운데 눈물을 흘리셨다. 당신이 이런 상황에서 아무런 감동이 없다면 당신은 하늘을 감동시킬 수 없을 것이다.

당신이 정말 '평생에 해결할 문제'가 무엇인지 알기 원한다면 나는 이렇게 말할 것이다. 당신의 질문에 대한 해답은 당신에게 가장 큰 열정을 일으키는 것들이 무엇인가에 달려 있다는 것이다. 당신도 알다시피 확신이란 '당신이 무엇인가를 하도록 설득하는 힘'이다. 확신이란 그것을 위해 죽을 만큼 강한 신념이며 그것을 위해 살 만큼 중요한 것이다. 종종 이런 말을 듣는다.

"당신이 기꺼이 죽을 만큼 가치있는 대의를 발견하기까지 당신은 살 만큼 가치있는 인생을 살고 있는 것이 아니다."

그리스도는 종이 되기 위해 죽으셨다. 그렇다면 이보다 더 높은 소명이 무엇이겠는가? 우리는 종종 하나님께 우리를 보존해 달라고 간구하지만 하나님이 원하시는 것은 우리를 준비시키시는 것이다. 이렇게 말해 보자. 하나님이 당신의 독생자를 아끼셨다면 당신은 도대체 뭐가 되었겠는가? 섬김이야말로 우리에게 주어진 최고의 소명이다.

데이트가 아니라 헌신이다

확신은 당신이 무엇인가를 하도록 설득하는 힘이다. 그리고 확신의 논리적인 귀결은 헌신이다. 하나님이 관심있어 하시는 헌신은 데이트가 아니라 결혼이다. 하나님은 여자친구가 아니라 신부를 찾으신다. 슬프게도 우리는 서로 사랑하는 일에 형편없이 실패했기 때문에 주님은 말씀하신다.

> "누구든지 하나님을 사랑하노라 하고 그 형제를 미워하면 이는 거짓말하는 자니 보는 바 그 형제를 사랑하지 아니하는 자는 보지 못하는 바 하나님을 사랑할 수 없느니라" 요일 4:20.

바리새인들의 모습을 보면 그들은 종교적으로 보였고 그들의 말은 옳게 들렸다. 다만 바리새인들의 문제는 위선적인 종교성 배후에 판단이라는 칼을 몰래 차고 있다는 점이었다. 역사적으로 바리새인들이 보여주는 증거는 무엇인가? 종교적인 사람들은 바른 말을 하면서도 그릇된 행동을 할 수 있다는 점 아닌가.

지난 수세기 동안 교회의 강단에서 바리새인적인 목소리들이 천둥처럼 울려 퍼지지 않았던가. 세상에게는 "무엇을 해야 하는가" 말하면서도 교회의 성도들과 지도자들 스스로는 그 불가능한 기준들에 이르고자 전혀 노력하지 않았다. 언제든지 우리가 바리새인들의 종교적인 위선을 끌어안는 순간 우리의 명예는 실추되고 말 것이다. 다만 모순은 이것이다. 우리가 그리스도의 본을 따라 명예를 포기하고 종이 되면 갑자기 교회의 명예와 성도들의 명예는 사도 바울이나 마더 테레사의 영웅적인 수준으로 고양될 것이라는 점이다 빌 2:7.

섬김은 마음가짐의 문제이지 비행기를 조종하는 것처럼 직업적인 능력의 문제가 아니다.

※ 데이빗이 말하다 ※

마음이 없이 어떤 일을 한다는 것은 아무래도 힘들다. 어떤 면에서 마음이 없는 사람과 동역해야 한다는 것은 고역이다. 성경은 이렇게 말한다.

"대저 그 마음의 생각이 어떠하면 그 위인도 그러한즉" 잠 23:7.

내 딸 캐린이 이런 시련을 겪은 것은 그녀가 십대였을 때였다. 캐린은 여러 모로 정숙하고 사랑스러운 소녀였다. 나와 캐롤은 캐린을 주님의 말씀대로 양육하기 위해 최선을 다했다. 캐린은 바르게 말했고 바르게 기도했으며 바른 일들만 했다. 그럼에도 불구하고 우리가 보기에 분명히 우리 딸은 그저 몸만 움직일 뿐이었다. 그녀의 마음이 거기 있지 않았다.

마침내 나는 캐린에게 말했다.

"딸아, 너를 이제 크리스천으로 사는 것에서 놓아주고 싶구나. 지금부터 너는 더 이상 교회에 가지 않아도 된다. 네가 원하지 않으면 '기독교적인' 언행을 하지 않아도 된다. 내가 보기에 너는 그냥 몸만 움직이고 있을 뿐이지 이 모든 것이 네게 아무 생명력이 없어 보인다."

나는 설명했다. 그 아이가 다섯 살인가 여섯 살 때 중생하는 체험을 했지만 이제는 자신의 의지로 예수님을 영접할 필요가 있다고 말했다. 왜냐하면 캐린이 10대 후반이 되었기 때문이다. 이제 그녀는 엄마나 아빠가 어린 시절 그녀에게 요구하던 것들 위에 자신의 인생을 세울 수는 없는 노릇이었다.

캐린은 내가 이 말을 하자 믿을 수 없다는 듯이 눈물을 펑펑 쏟았다. 물론 나는 계산된 위험을 감수하려는 것이었다. 그럼에도 불구하고 나는 내 딸이 스스로 도전에 직면하여 일어설 것임을 신뢰했다.

그 이후로 여러 달이 지나면서 나는 내 딸의 인생에서 극적인 변화가 일어나고 있음을 볼 수 있었다. 딸은 어른스럽게 예수님을 영접했고 이제는 스스로 깨달았다. 주님이 그녀의 죄를 구속하셨고 그녀를 위해 죽으신 사랑하는 구주이심을 알게 된 것이다.

내 행동이 잘못되었다고 비판하는 사람이 있을지 모르지만 분명히 말할 수 있는 것은 그 일은 내게 가장 어려운 일이었다는 점이다. 누구에게나 적용할 수 있는 방법은 아니다. 그러나 당시 캐린에게는 그것이 하나님의 뜻이었다. 마침내 그 '거친 사랑'은 영원한 결실을 거두었다.

섬김은 오직 마음가짐의 문제다. 당신의 마음이 하나님과의 대면으로 인해 깨어지고 사로잡히고 변하지 않는다면 하나님의 뜻대로 다른 사람을 섬긴다는 것은 불가능하다. 섬김은 선행만을 의미하지 않는다. 로터리 클럽이나 여느 시민 단체들도 탁월하게 선행을 하지만 그들이 하는 일은 성경적인 섬김이 아니다. 진정한 섬김은 우리가 그리스도의 제자가 되는 일에 본질적이다. 그것은 오직 하나님께서 우리의 마음을 변화시키시도록 만드는 것이다.

내가 그동안 발견한 것은 종의 마음가짐을 형성하도록 도와주는 네 가지 핵심요소 내지는 핵심재료들이다. 그것은 긍휼, 확신, 헌신, 그리고 사랑이다.

긍휼

내가 하나님 안에서 십자가와 대야를 들고 수많은 모험을 떠날 수 있었던 것은 성령께서 내 마음 안에 특정한 사람들이나 상황에 대한 긍휼의 마음을 일으키셨기 때문이다. 영국령 서인도제도에 있는 앤티가 섬 근처의 작은 섬나라 몬세라 사람들에게 위태로운 상황이 일어났음을 들었을 때 내 안에 그 동일한 마음이 일어났다.

갑작스런 화산 폭발로 인해 불과 40평방 마일밖에 안 되는 작은 섬 안에 있던 만 이천여 명의 삶은 완전히 초토화되었다. 순식간에 전 국민이 대피해야 할 위기 상황에 놓이게 되었다. 섬에 남은 사람들은 극소수에 불과하고 대부분의 사람들은 전 세계 원근 각처로 후송되었다.

시일이 지나면서 뉴스 보도를 볼 때마다 몬세라에서 어려움을 겪고 있는 사람들을 향한 성령의 체휼하심이 내 안에서 강해지기 시작했다. 잠시도 그 마음을 떨쳐내거나 제거할 수가 없었다. 마침내 나는 성령께서 내가 다시 한 번 십자가와 대야를 들고 그 작은 섬나라에 가서 예수님의 섬김의 사랑을 예언자적으로 선포하기 원하신다는 것을 깨달았다.

내가 직감한 것은 하나님의 약속을 몬세라 사람들에게 나눠야 한다는 것이었다. 그것은 바로 이 말씀이다.

"그가 그의 말씀을 보내어 그들을 고치시고 위험한 지경에서 건지시는도다" 시 107:20.

내가 또한 나눠야 할 격려의 말씀이 주어졌다.

"누가 우리를 그리스도의 사랑에서 끊으리요 환난이나 곤고나 박해나 기근이나 적신이나 위험이나 칼이랴" 롬 8:35.

우리는 그 순간 압도되고 말았다

남아프리카 엘리자베스 항에 있는 우리 본교회에 출석하는 젊은 형제 리Lee가 몬세라 섬으로의 여정에 동행하기로 결정했다. 우리는 즉시로 원수의 맹공을 경험해야 했다. 우리는 그 섬에 가려고 최선을 다했지만 시간은 일주일 이상 지연되었다. 하지만 우리는 앤티가 섬으로 날아갔고 그곳에서 몬세라 섬으로 들어가는 나룻배를 잡아 탈 수 있었다. 배가 섬에 가까이 이르면서 우리는 여전히 화산 위로 거대한 수증기 덩어리들이 뿜어져 올라오는 것을 목격할 수 있었다. 우리는 그 장면을 보는 순간 참담함에 압도되고 말았다.

철저하게 폐허가 된 그 섬의 모습은 생명이 존재하지 않는 달나라처럼 보였다. 섬에서 만난 사람들 치고 소중한 것을 잃지 않은 사람이 없었다. 절망과 고통의 이야기들을 끊임없이 들으면서 우리 안에 긍휼이 일어나기 시작했다. 이곳에 위로를 줄 수 있는 것은 오직 예수 안에 있는 희망의 메시지 밖에 없었다.

나는 지금도 그 황량한 바람소리와 양철 지붕이 찢어져 남은 조각 하나가 바람에 흔들려 쟁그랑 거리던 그 공허하고 슬픈 소리를 잊을 수가 없다. 몬세라의 수도 플리머스에서 최악의 상황이 된 구역에는 남아 있는 건물들도 모두 화산재가 창문까지 쌓여 있었다. 한쪽에는 빨간 공중전화 부스가 화산재 더미 사이로 간신히 고개를 내밀고 있었다. 쓰레기 더미가 된 거리들은 황량하기 그지없었다.

우리 눈앞에 펼쳐진 광경만으로도 우리는 압도되었다. 하지만 우리가 만난 사람들 안에 있는 고통은 더욱 뼈저린 것이었다. 리와 나는 섬 북단에 있는 임시 보호소를 방문하기로 결정했다. 우리는 한 할머니와 이야기를 나눴는데 그녀는 화산에서 흘러나온 용암이 말 그대로 그 집을 삼켜버렸고 자신의 두 아들을 죽였다고 말했다. 그녀에게 남은 것은 아무것도 없었다. 내가 그녀에게 이제 어떻게 하냐고 묻자 그녀는 말했다.
"글쎄요. 그래도 살아야지요."

어느 날 저녁 나는 어떤 남자의 차를 얻어 탄 적이 있다. 그는 30년간 플리머스 기술대학의 총장을 지냈던 사람이다. 화산이 그 대학을 완전히 덮쳐버렸고 대학을 재건축할 계획이나 재정은 전무했다. 그러므로 그는 무직 상태였다. 또한 그의 아들은 발이 용암에 심하게 타 버려서 캐나다로 후송하여 성형 수술과 특별 치료를 하고 있다고 말했다.

내 안 깊은 곳에서 긍휼이 가득 차오르면서 이 사람들을 섬겨야 하겠다는 결심이 점점 더 강해져가고 있었다. 내 마음은 완전히 변해있었다. 나는 상황에 압도되었지만 내게는 선택의 여지가 없었다. 당신도 이와 같은 사람들을 만난다면 긍휼을 느끼지 않을 수가 없을 것이다.

확신

확신의 힘은 우리가 하나님 나라에서 행하는 모든 일 가운데 실제적으로 나타난다. 하지만 특별히 우리가 섬길 때 가장 중요한 힘이다. 나는 종종 사람들에게 이렇게 상담해 준다.

"하나님께서 당신에게 이 일을 하도록 말씀하셨다는 사실을 절대적으로 확신하십시오. 왜냐하면 실오라기 하나에 매달리는 것 같은 힘든 날이 올 것이기 때문입니다. 그 순간 당신으로 하여금 계속 전진하게 해 주는 것은 하나님께서 당신에게 그 일을 명하셨다는 확신 외에는 없습니다."

모두가 당신을 떠날 때 종의로의 부르심에 머물러 있도록 붙잡아 주는 것도 하나님께서 주신 확신밖에 없다.

기쁘게도 예수님은 우리가 어떤 일을 어떻게 시작했는가보다 그 일을 어떻게 마무리하는가에 더 관심을 두고 계신다. 우리가 어느 정도의 확신을 갖고 있는가에 따라 주님의 이름으로 행하는 섬김이 얼마나 성공할 수 있는지 결정된다. 우리는 하나님께서 우리에게 명하신 일들에 대해 온전한 확신을 가져야 한다. 아프리카의 잠비아를 통과하며 사역할 때 나는 이 진리를 고통스럽게 체험했다. 다시 한 번 볼스터가 내 통역자로 따라나섰다. 그리고 스칸디나비아 출신의 친구도 한 명 동행했다.

한 달 이상 찜통 같은 무더위 속에서 도보로 여행한 이후 인생이 그렇게 힘들 수가 없었다. 도착하는 작은 마을마다 이전의 마을들보다 더 가난하고 더 황폐해 보였다. 물도 음식도 거의 없었다. 때로는 아프리카 도처에서 흔하게 발견할 수 있는 코카콜라도 살 곳이 없었다.

여정의 강도가 심해져 갈수록 완주해야 할 거리가 엄청난 부담이 되어 볼스터의 어깨를 짓눌렀다. 그는 상황의 심각성에 압도되어 더 이상 못 갈 것 같았다. 그러는 사이 스칸디나비아에서 온 친구는 마라톤 선수였는데 매일 밤 정체를 알 수 없는 고통에 시달리기 시작했다. 우리는 그저 날마다 어디서 자야하는지 아니 잠을 잘 수나 있는지 알 수 없었다.

두 사람의 동역자들 모두 전혀 연약한 사람들이 아니었다. 두 사람 모두 성숙한 하나님의 사람들이었으며 지금까지 주님을 섬기는 가운데 일관된 믿음과 강인함을 보여줬던 사람들이다. 그들은 주님께도 내게도 충성을 다해 왔다. 하지만 그들은 계속 갈 것인지 포기할 것인지 갈등하고 있었다. 어느 주말 나는 내 신실한 통역자를 집으로 돌려보내기로 결정했다. 그렇게 하지 않는다면 그는 내게도 충성을 다하지 못할 뿐 아니라 스스로 무너질 것 같았기 때문이다. 나는 그에게 집에 돌아갈 버스 삯과 가족에게 음식을 사줄 넉넉한 돈을 주었다. 내 마음의 의도는 그를 축복하는 것이었다.

내가 계속 가야하는 것은 하나님께서 내게 이 일을 하라고 말씀하셨기 때문입니다

그리고 나서 스칸디나비아인 친구에게 제안했다. 이번 여행에서 그가 어떤 역할을 해야 하는지 하나님의 마음을 함께 구하자고 했다. 내가 그를 바라볼 때마다 그는 눈물을 떨구며 어떻게 할 바를 알지 못했다. 볼스터가 버스에 오르기 전 나는 두 동역자에게 내가 그들을 사랑하노라고 고백했다. 그리고는 말했다.

"여러분이 계속하든 하지 않든 나는 이 여정, 이 사명을 완수할 생각입니다. 왜냐하면 하나님께서 내게 이 일을 하라고 말씀하셨기 때문입니다."

물론 그들의 도움 없이는 성공할 수 없다는 사실을 알았다. 그러나 나는 내가 처한 환경보다 내가 가진 확신에 의지하여 말하고 있었다.

볼스터가 떠난 다음날 아침 스칸디나비아인 친구와 나는 기도하기 시작했다. 그때 주님이 내게 분명하게 말씀하시는 것을 느꼈다.

"그를 집으로 보내라."

나는 그 친구를 무척 사랑했고 그도 나를 사랑함을 알았다. 그러나 이 얘기를 그와 나누자 그는 하염없이 눈물을 흘리기 시작했다. 그리고는 얼굴에 평안이 찾아왔다.

내게는 큰 믿음이 필요했다. 그 친구가 잠비아 내륙에서부터 집으로 돌아갈 국제선 비행기 티켓 비용이 필요했기 때문이다. 다음날 나는 사랑하는 아내 캐롤에게 긴급 전화를 걸었다.

"당신의 도움이 필요해요."

아내는 우리가 안전한가운데 있는지 질문했고 나는 그녀에게 50대 50이라고 답했다. 그녀는 즉각 대답했다.

"곧장 그곳으로 갈게요."

며칠 어간에 내 친구는 스칸디나비아로 되돌아갔고 캐롤은 나와 합류했다. 그러는 동안 집에 돌아가 있던 볼스터는 주님의 얼굴을 구하는 가운데 통역자로 나와 재합류해야 한다는 회개와 동시에 확신을 갖게 되었다. 마침내 캐롤과 볼스터와 나는 잠비아의 수도 루사카에 환대를 받으며 입성했다. 텔레비전과 신문에서 취재를 나오고 정부 각료로부터 환영을 받았다. 그러는 가운데 우리는 감사하게도 기자들 중 한 명을 주님께 인도했다!

그 이후로 볼스터는 잠비아에 돌아와 우리가 여행했던 작은 마을들 중 한 곳의 목회자가 되었다. 그는 지금도 그곳에서 주님을 위해 아름다운 일을 하고 있다.

오직 성령님이 주시는 확신만이 섬김의 도전들 가운데서도 우리가 바른 마음가짐을 가지고 헤쳐 나갈 수 있게 하신다.

헌신

헌신이라는 말은 오늘날의 세대가 가장 혐오하는 말이 되었다. 그러나 항상 그랬던 것은 아니다. 과거에 개인들은 회사에 자신의 평생을 헌신하였고 회사들은 안전한 고용으로 그 헌신에 보답하곤 했다. 내게는 헌신의 의미를 알고 있는 삼촌이 한 분 계시다. 그는 한 직장에서 16살에 일하기 시작했고 65세에 퇴직하셨다. 하지만 요즘은 그런 일이 갈수록 사라져가고 있다. 오늘날은 사람을 쓰다 버리는 세상이 되었다. 고용주들은 고용인들을 쓰다가 버린다. 고용인들은 몇 푼이라도 돈을 더 주는 직장으로 옮긴다. 우리는 컵, 접시, 칼, 포크, 냅킨, 기저귀만 버리는 게 아니라 직장, 우정, 목사, 심지어 배우자까지 버린다.

사람들은 주님께, 결혼생활에, 직장에, 그리고 자녀를 양육하는 일에 헌신하는 것을 두려워한다. 우리가 주님께 인생을 헌신하는 순간 그 다음 과정이 얼마나 어려운지 알게 된다. 특히나 박해를 당한다든가 다른 사람을 섬겨야 할 책임이 주어진다면 더하다.

성경은 가드 사람 잇대가 보여준 특별한 헌신에 대해서 이야기한다. 다윗이 아들 압살롬을 피해 목숨을 건지러 도주함에도 불구하고 잇대와 600명의 군사들은 다윗과 함께 머물겠다고 한다. 다윗이 잇대에게 자신과 머무르지 말고 집으로 돌아가라고 하자 잇대가 말한다.

"여호와의 살아 계심과 내 주 왕의 살아 계심으로 맹세하옵나니 진실로 내 주 왕께서 어느 곳에 계시든지 사나 죽으나 종도 그 곳에 있겠나이다" 삼하 15:21.

걸프전 당시 나는 종의 헌신을 전혀 다른 차원에서 이해하고 있는 한 사람을 만난 적이 있다. 우리가 만난 곳은 시리아와 이라크의 북쪽 경계선 근처에 있는 터키 남단의 아다나라는 마을이었다. 미국과 연합군들은 아다나 인근 인젤릭에 있는 군사기지에 주둔하면서 바그다드로 융단 폭격을 가하고 있었다.

십자가가 터키 무슬림들에게 의미하는 것

당시 우리가 알고 있기로는 터키에서 그리스도를 따르는 사람은 고작 300명도 채 되지 않았다. 여러 모로 이스라엘이 유대교의 태생지라면 터키는 기독교의 태생지라 할 수 있는 곳이다. 그러나 오늘날 터키는 완전히 폐쇄된 무슬림 국가이다. 많은 서양 사람들이 모르지만 유대인들에게는 만卍자를 새기고 다니는 신新나치주의 신봉자들이 혐오스러운 것처럼 터키 무슬림들에게는 십자가를 지고 다니며 예수의 복음을 증거하는 사람들이 똑같이 혐오스러운 존재이다. 십자군들이 투구와 방패에 십자가를 그려넣고 기독교의 이름으로 수십만 명의 이슬람 교도를 살해한 곳, 그곳이 바로 터키였기 때문이다. 다시 말해서 당신이 십자가와 대야를 들고 터키 거리에 나타난다면 당신은 공공의 적 1호가 되는 것이다.

아다나에 가는 도중 나는 니케아를 통과했다. 그곳은 기독교의 니케아 신조를 결정한 곳이었다. 하지만 그곳에는 그 어떤 눈에 띄는 기독교의 흔적도 남아있지 않았다. 에베소와 안타캬안디옥에서도 기독교의 부재는 확연한 것이었다. 그곳에서 바울이 아시아라고 불렀던 지역오늘날의 터키의 첫 번째 교회를 세웠는데 말이다.

당시 그 지역에서 일어나고 있던 국지전은 오래 전 터키를 두고 천상에서 벌어지던 전쟁과 비하면 아무것도 아니었다. 사탄은 크리스천들을 학살했고 그들의 믿음을 도적질했으며 초대 교회 교부들의 사역을 파괴해 버렸다.

오랜 시간 기도한 끝에 나는 성령께서 내가 십자가와 대야를 지고 아다나에서 터키 남부의 다소에까지 가라고 명하시는 것을 느꼈다. 다소는 사도 바울이 태어난 곳이었다.

"주여, 동역자 없이는 갈 수가 없습니다."

당시 나는 공군기지에 주둔해 있던 미군 병사들과 대화할 때 빼고는 두 주 동안 영어를 들어본 적이 없었다. 그 도시에 백만 명에 달하는 인구가 살고 있었지만 물론 그 가운데 단 한 명의 크리스천도 만나지 못했다. 심지어 가톨릭 수녀조차도 만나지 못했다. 나중에 알게 된 사실이지만 중동이나 소아시아 어느 지역에서도 이 지역에서만큼 많은 크리스천들이 순교한 곳은 없다고 한다.

어느 날 아침 나는 주님의 음성이 들리는 것을 느꼈다.

"나가서 그냥 산책을 해라. 십자가와 대야를 내려놓고 그냥 좀 걷자."

나는 그가 무슬림이라는 것을 알았다

나는 으슬으슬 추운 한겨울에 길에 나와 어슬렁거리며 걷기 시작했다. 그런데 놀랍게도 내 뒤에서 누군가 영어로 "안녕하세요?"라고 말하는 것이 아닌가. 돌아서 보니 스무살 정도 되어 보이는 터키 젊은이가 서 있었다. 우리는 다시 걷기 시작했고 대화를 나눴다. 그는 자신의 이름이 무라트 아이라고 소개했다. 나는 그가 무슬림이라는 것을 알았다. 성령께서 나를 '쿡' 찌르시면서 하시는 말씀이 "이 사람이 네 사람이다"라는 것이었다. 나는 속으로 반문했다.

"주님, 그는 무슬림입니다."

그러나 다시 한 번 성령님은 말씀하셨다.

"그가 네 사람이다."

나는 물어보았다.

"무라트, 긴 거리를 여행해 본 적 있나요?"

"물론이죠. 아다나를 다 돌아다니는데요."

"아니요. 정말로 긴 거리 말입니다."

"어디까지 가려고 하는데요?"

"다소요. 나는 그곳까지 도보로 가는 동안 당신의 통역이 필요해요."

무라트가 내게 왜 버스를 타지 않느냐고 물었지만 나는 주님께서 내게 걸으라고 말씀하셨다는 것을 그에게 설명할 수 없었다. 나는 그저 반복해서 걷기를 원해서 그럴 뿐이라고 말했다. 그는 내가 얼마나 사례하겠느냐고 물었다. 우리는 미국 달러로 거래를 했다. 그리고 나서 그가 크리스천 선교사와의 동행을 시작하기 전에 나는 모든 것을 얘기해 줘야 했다.

그는 예수님의 이름을 한 번도 들어본 적이 없었다

나는 말했다.

"무라트, 자네가 알아야 할 게 하나 있어. 나는 대야가 달린 나무 십자가를 가지고 다닐 거야."

"문제 없어요. 어디까시나 일은 일이니까."

나는 계속했다.

"자네가 또 알아야 할 사실은 말이야 내가 사람들에게 예수님에 대해 말할 것이라는 거야."

"그게 뭔대요?"

그는 예수님의 이름을 한 번도 들어본 적이 없었던 것이다!

그래서 그때는 자세한 이야기를 하지는 않았다. 우리가 여정을 시작하면 금방 알게 될 것이라고 생각했다.

며칠 후 우리의 길고 지루하며 추운 여정이 시작되었을 때 주님은 내게 말씀하시기를 그 도시를 지날 때는 십자가와 대야를 조립하지 말라고 하셨다. 나는 주님의 지침대로 따랐다. 우리가 주요 도로를 벗어나 한적한 지역에 도달했을 때 십자가와 대야를 조립할 만한 장소를 발견했다.

내가 무릎을 꿇고 열심히 한참 조립하고 있는데 우리 주변에 한 무리의 신발들과 장화들이 다가와 빙 둘러싸고 있었다. 나는 심장이 마구 뛰었다. 그리고 무라트는 바람에 버드나무 가지 흔들리듯 불안함에 떨고 있었다. 하지만 우리는 그 걱정스러운 순간을 금세 모면했다. 그 여정에서 우리는 여러 차례 비슷한 시련을 맞이했다.

끌려가서 다 빼앗겼다

한번은 일단의 병사들에게 끌려가서 가지고 있는 모든 것을 **빼앗겼다**. 정말 내의만 입고 있었다. 하지만 나중에 가장 중요한 소지품들은 돌려받을 수 있었다.

하루는 밤에 작은 차고 뒤꼍에서 노숙을 했다. 그때 그 여행에서 가장 중요한 사건이 일어났다. 나는 무라트를 바라보며 말했다.

"네게 예수님에 대해 알려주고 싶어."

그는 조용히 앉아서 세 시간 동안 경청했다. 나는 그에게 하나님께서 예수님을 통해 우리에게 계획하신 구원의 놀라운 계획이 무엇인지 알려 주었다. 예수님이 우리를 자유케 하시기 위해서 이 땅에 오셨다는 것과 그분이야말로 살아계신 참 하나님이라고 소개했다.

나는 복음 증거를 마친 후 무라트에게 어떻게 생각하느냐고 했다. 그는 간단히 대답했다.

"예수님을 저의 구주로 영접하고 싶어요."

나는 말했다.

"자네가 영접하기 전에 몇 가지 알려둘 일이 있네. 자네 가족은 자네를 내버릴 것이고 자네 친구들은 자네를 거부할 거야. 그리고 자네는 지금 하려고 하는 헌신 때문에 죽을 수도 있어."

무라트는 대답했다.

"알고 있어요. 하지만 나는 보았고 들었어요. 나는 이것이 사실이라는 것을 알아요."

나는 작은 석유램프 위에 물을 데우고 있었고 그는 대야에 발을 담그고 있었다. 그때 그는 자신의 마음을 예수님께 드렸다. 그리고 나는 터키에 들어올 때 몰래 가져온 작은 성경책 한 권을 그의 손에 쥐어 주었다. 그 성경은 터키어로 쓰인 것이었다. 그는 하루에 성경을 세 시간씩 읽기 시작했고 계속해서 질문했다. 나는 그 어디서도 하나님을 향해 그만큼 굶주림을 가지고 헌신하는 사람을 본 적이 없었다.

무라트는 걸프전 기간 내내 나와 동행했으며 내가 쿠르드 지역에 갈 때도 함께 했다. 그가 자신의 마음을 주님께 드리고 자신이 크리스천임을 깨닫게 된 이후에는 사례를 받지 않고 나와 동행하며 주님을 섬기겠다고 고집했다!

내 가족을 다시 볼 수 있을까?

걸프전이 계속되던 몇 주 동안 매일 아침 나는 사도 바울의 빌립보서를 읽으면서 눈물을 닦곤 했다.

> "이는 내게 사는 것이 그리스도니 죽는 것도 유익함이니라" 빌 1:21.

나는 그 말씀을 읽으면서도 내가 캐롤과 아이들을 다시 볼 수 있을지 막막했다. 그리고는 그 다음 구절이 눈에 들어왔다.

> "그러나 만일 육신으로 사는 이것이 내 일의 열매일진대 무엇을 가릴는지 나는 알지 못하노라" 빌 1:22.

나는 그저 평범하게 살 수가 없었다. 그것은 이제 막 회심한 무라트도 마찬가지였다. 우리는 여행 중에 가끔 마을 버스를 타고 전통적인 이슬람 복장을 한 승객들 사이에 앉아 있었다. 그들은 종종 무라트에게 내가 뭐하는 사람이냐고 물었다. 왜냐하면 눈에 띄게 이상한 차림이었기 때문이다. 그는 다른 방향으로 사람들의 시선을 돌리려고 최대한 노력했다. 그러나 그러는 도중 어느 때든 누군가가 우리의 등에 칼을 꽂을 수 있다는 사실도 알았다.

걸프전이 끝나던 마지막 날 밤 무라트는 버스에서 내려 여정 중에 있는 마을에 들러 친척들을 방문하고자 했다. 버스가 마을 앞 30분 거리쯤 왔을 때 그는 내게 말했다.

"데이빗, 버스에서 내리기 전에 당신과 두 가지 일을 할 수 있을까요? 첫째, 당신과 함께 기도하고 싶어요. 그리고 하나님의 말씀을 함께 읽고 싶어요."

우리 두 사람은 그 터키 버스 안에서 벌떡 일어났다. 그때는 한밤중이었기 때문에 우리는 작은 랜턴을 들고 하나님의 말씀을 함께 읽기 시작했다. 우리는 손을 맞잡고 하나님의 변함없는 자비하심에 감사의 기도를 드렸다. 나는 그 터키 젊은이 무라트가 위험 속에서도 보여준 헌신된 종의 마음을 결코 잊지 못할 것이다.

사랑

당신은 다음과 같은 유명한 격언을 아는가?

"사람들은 당신이 얼마나 그들을 배려하는지 알기까지 당신이 얼마나 아는지에 별 관심이 없다."

이 격언은 그냥 좋은 말이 아니라 진리이다. 누구든 섬기기 원하는 사람이라면 자신의 마음과 생각 속에 이 말을 잘 간직해 둘 필요가 있다.

본질적으로 성경은 우리가 날마다의 삶 속에서 긍휼, 확신, 헌신, 그리고 성경에 기록된 모든 종류의 영적 은사들을 가질 수 있다고 말한다. 하지만 사랑이 없으면 우리는 아무것도 아니다 고전 13:1-3. 예수님은 이렇게 말씀하셨다.

"사람이 친구를 위하여 자기 목숨을 버리면 이보다 더 큰 사랑이 없나니" 요 15:13.

앞에서 나는 내 친구 키이스가 한때 행정담당자로 섬긴 적이 있다고 말했다. 그의 아내 길 또한 보기 드문 섬김이였다. 어려움 가운데 있는 사람들을 돕는 특별한 소명과 기름부음을 갖고 있었다.

어느 날 저녁 길이 예배를 드리던 도중 누군가 길에게 교회

문앞에 주저앉아 있는 열아홉 살짜리 소녀를 상담해 달라고 요청했다. 그녀는 역기능 가정에서 자랐으며 학대 받았던 것이 분명했다. 그녀에게는 사회적인 기술이 전무하다시피 했고 그녀의 가치관은 정상적인 것과는 정반대였다. 길은 그 소녀가 예수님에 대해서 거의 아무것도 모른다는 사실을 알았다.

친구를 위하여 자기 목숨을 버리는 것

길은 그 어린 소녀가 온갖 세속적인 잡동사니들을 가득 담은 작은 여행가방을 부여잡고 있는 모습을 바라보았다. 길은 그녀를 어디에도 보낼 곳이 없었고 그녀도 어디에 갈 곳이 없었다. 마침내 길은 그날 밤 그녀를 집에 데려가기로 결정했다.

길도 예상하지 못했지만 길과 키이스는 3개월 동안 이 어린 소녀에게 완전히 헌신한다. 매일같이 서너 시간씩 상담해 주고 일대일로 멘토링해 주어야 했다. 그리고 마침내 그 소녀는 주님께 자신의 마음을 내어드렸다. 길은 수고를 아끼지 아니하고 최선을 다해 이 젊은 여성의 가치관에 새롭고 거룩한 기초를 놓아주었다.

그들은 그녀에게 새 옷도 사주었다. 그리고 몇 달 뒤에는 교회의 도움으로 작은 집을 임대해 주었다. 게다가 인근의 애완동물 가게에 안정적인 직장도 구해 주었다.

그 모든 일들이 시작된 이후 2년이 지난 지금도 길과 키이스는 거의 매주 주일 오후마다 그녀와 더불어 점심을 나누며 함께 교제한다. 길은 여전히 그녀가 잘 지내는지 돌보며 음식은 잘 먹는지 부활절이나 크리스마스나 새해 연휴 기간에 외롭게 있지는 않는지 챙기고 있다. 그 젊은 여성은 주님에 대한 믿음과 사랑을 키워가고 있다. 그녀의 외모도 변하고 그녀의 자존감도 계속해서 자라가고 있다.

다른 이들 같았으면 그런 '문제아'는 도저히 바꿀 수 없는 골칫거리라고 낙인 찍어버리고 싶은 유혹을 받았을 것이다. 그러나 길과 키이스는 이 여성이 그리스도 안에서 새로운 인생을 얻을 수 있도록 자신들의 인생을 내려놓기로 결정한 것이다. 좀 더 쉬운 길을 선택할 수도 있었지만 그들은 이타적인 섬김의 길, 보다 어려운 길을 선택했다. 그들은 예수님이 하신 말씀을 정말로 이해하고 있었다.

"사람이 친구를 위하여 자기 목숨을 버리면 이보다 더 큰 사랑이 없나니" 요 15:13.

하나님께서는 우리의 섬김을 행함이 아니라 우리의 존재 자체로 바꾸기 원하신다. 그러려면 우리의 마음가짐을 주님의 손에 올려드려야 한다. 그분이 우리의 마음가짐을 조절하실 수 있도록.

"토기장이신 주님, 당신의 물레 위에서 우리의 마음을 새롭게 빚어주옵소서. 주님의 능숙한 손길로 우리를 빚으사 우리도 주님의 마음을 닮아 진정한 종이 갖는 긍휼과 확신, 헌신과 사랑을 드러내게 하옵소서."

06
섬김의 능력과
반짝이는 구두의 중요성을 이해하라

당신의 검을 내려놓고 수건을 두르라

토 미 가 말 하 다

예수님은 식사 도중 사람들의 발치에 앉아 가장 중요한 사역을 행하신 적이 있다. 주님은 예루살렘 상업지구내 고층 빌딩 77층에 고급스러운 사무실을 갖고 계시지 않았다. 우리가 아는 한 주님은 책상도 개인비서도 자신의 집도 없으셨다. 주님은 주로 식사 자리에서 대부분의 가족 사업을 진행하셨던 분이다.

한번은 열두 제자가 식사를 하러 들어왔는데 샌들을 밖에 벗어두었는데도 여전히 심한 냄새가 풍기고 있었다. 길가의 먼지뿐 아니라 나귀와 낙타의 배설물이 그들의 발에 뒤엉켜 있었기 때문이다.

그뿐 아니라 예수님에게는 두 가지 문제점이 더 눈에 띄었다. 첫째는 발을 씻기는 종의 일을 그들이 하려 하지 않았다는 것이고, 둘째는 그날 밤 제자들 중 누구도 이타심을 갖고 새로운 모험을 할 준비가 되어 있지 않았다는 것이다. 결국 예수님은 부정함에 관한 두 가지 문제점, 즉 자만으로 얼룩진 마음과 더러워진 발이라는 이중의 문제점에 직면하셨다. 그날 밤이 예수님의 사역에 있어서는 가장 중요한 밤이었다.

누군가는 그 자리에 결여된 것을 회복해야 할 책임이 있었다. 주님의 관점으로 볼 때 해답은 간단한 것이었다. 주님은 섬김의 능력을 통해 두 가지 문제점을 한꺼번에 해결하실 수 있었다.

"저녁 잡수시던 자리에서 일어나 겉옷을 벗고 수건을 가져다가 허리에 두르시고 이에 대야에 물을 떠서 제자들의 발을 씻으시고 그 두르신 수건으로 닦기를 시작하여" 요.13:4-5.

어떻게 하나님의 아들이 그렇게 낮아질 수 있는가?

베드로는 그 무리들 중에서 예수님의 신성을 가장 먼저 알아본 사람이었다. 그러기에 그는 하나님의 아들이 자기 제자들의 발에 붙은 나귀의 배설물을 닦아내실 정도로 어떻게 그렇게 낮아지실 수 있는지 도저히 이해할 수가 없었다. 물론 베드로가 율법의 전문가는 아니었지만 합리적으로만 생각해 봐도 이것은 도저히 용납할 수 없었다.

"이건 뭔가 잘못된 거야!"

종들이 필요할 때 그 종들은 과연 어디에 있는 것인가? 다른 제자들은 가만히 앉아서 이런 일이 진행되는 동안 방관할 수 있을지 모르지만 베드로는 아니었다.

가장 말 많은 제자 베드로는 예수님을 설득해서 다시 그분의 자리로 돌아가게 할 참이었다. 그전에도 그는 예수님을 '십자가에서 죽으려는 생각'에서 돌이키려다가 혼난 적이 있었다 마 16:21-23. 베드로는 예수님에게 정말 자신의 발을 씻기시려는 것이냐고 질문했다. 그러면 주님도 눈치를 채시겠지 생각했다. 예수님은 베드로에게 나중에는 이해할 것이라고 말씀하셨다. 그러자 베드로가 이번에는 성격대로 직설적으로 말했다.

"베드로가 이르되 내 발을 절대로 씻지 못하시리이다 예수께서 대답하시되 내가 너를 씻어 주지 아니하면 네가 나와 상관이 없느니라" 요 13:8.

발을 씻는 것에 관해 예수님은 매우 심각하셨지만 사실 나 자신도 이 문제에 관해서는 베드로와 같은 입장이었음을 부인할 수 없다. 그때 하나님께서는 나에게 섬김에 관한 잊을 수 없는 교훈을 가르쳐 주신 일이 있다.

몇 년 전 내가 어느 교회를 담임하고 있을 때 회중 가운데 한 사람의 마음을 상하게 하는 결정을 내려야 했던 적이 있다. 그는 정직한 사람이었고 좋은 의도를 가진 사람이었다. 하지만 그때는 그의 행동이 잘못된 것이었다. 필요해서 조정을 하기는 했지만 이 사람과 나의 관계에 긴장감과 어려움이 생겼다. 나는 우리 사이에 화평을 이루기 위해 할 수 있는 모든 일들을 해 봤지만 아무런 소용이 없었다. 마침내 나는 이 문제를 주님께 갖고 나아갔다.

주님은 말씀하셨다 "종이 되어라"

주님은 내가 가장 듣고 싶지 않은 말씀을 하셨다. 주님은 말씀하셨다.

"종이 되어라."

그래서 나는 종이 되기 위해 최선을 다했다. 하지만 나의 어떠한 시도도 이 사람의 마음을 돌이켜 놓지 못했다. 그때 주님은 한 걸음 더 가까이 다가오셔서 내게 신발을 닦는 것의 중요성을 상기시켜 주셨다.

여행은 내 사역에서 중요한 한 부분이기 때문에 나는 공항에서 많은 시간을 보내곤 한다. 종종 큰 공항에서는 구두 닦는 가게에서 일하는 사람에게 구두를 맡기기도 한다. 한번은 그들에게 얼마나 버는지 물어봤다. 당연히 그는 그저 웃기만 했다. 하지만 나는 혼자 속으로 계산기를 두들겨 보았다.

그가 한 시간에 여섯 명의 고객을 일인당 5달러에 모신다면 그는 한 시간에 30달러를 버는 것이었다. 그가 일주일에 5일 동안 일하고 매년 두 주 휴가를 간다해도 그가 신발닦이로 벌어들이는 총수입은 지출이나 세금 계산 이전에 매년 6만 달러에 이른다.

내가 교회에서 청소년들에게 이런 사실을 언급한 적이 있다. 여름에 중요한 사역이 있을 때 기금 마련을 위해서 신발닦이를 하면 좋지 않겠는가? 그러자 한 청소년이 즉시 반응했다.

"저는 신발 같은 것은 안 닦아요."

사실 대부분의 크리스천들이 이런 정서를 갖고 있다. 그때 주님이 나를 쿡쿡 찌르시면서 말씀하셨다.

"토미, 그러는 너는 어떠냐?"

그때 무슨 일이 있었는지를 「하나님의 드림팀」이라는 책에서 언급한 적이 있다.

그러자 하나님은 내가 예전에 감정을 상하게 했던 사람이 기억나게 하셨다. 주님은 말씀하셨다.

"그의 구두를 닦아라."

상당한 실천이 필요한 일이었다.

그 다음 주일에 나는 집에서 구두닦이 통을 들고 교회로 왔다. 설교하는 도중 나는 모든 회중이 보는 가운데 그 어른을 앞으로 불러내었다. 그리고 내가 설교를 마치기까지 거기 앞에 앉아 있도록 부탁했다. 그날 설교는 세족식에 관한 것이었다. 요한복음 13장 1절을 설교하면서 발 닦는 것을 현대적으로 표현하면 구두 닦는 것이라고 했다. 나는 설교하면서 그의 구두를 닦기 시작했다. 나는 코트를 벗고 넥타이를 셔츠 사이로 접어 넣고 설교하는 내내 그의 구두를 닦았다. 모든 회중은 모르는 사실이었지만 그 사람과 나만은 지금 무슨 일이 일어나고 있는 것인지 잘 알고 있었다.

나는 그의 구두를 닦으면서 울기 시작했다. 그도 울기 시작했다. 종의 마음이 느러나자 성령께서 역사하기 시작하셨다. 적대감의 영이 사라졌다. 사람들이 서로의 신발을 닦아주려고 줄을 서기 시작했다. 손수건을 꺼내서 서로의 신발을 닦아주는 것이었다. 뜨거운 눈물이 더러운 신발들 위로 빗물처럼 뚝뚝 떨어져 내렸다. '하나됨의 영'이 교회를 가득 메웠다. 그리고 큰 부흥이 일어났다.

검을 내려놓고 수건을 든 지 얼마나 되었는가? 그분의 나라는 섬기는 종들로 세워지는 것이다. 이제 형제의 발에 있는 먼지를 닦아낼 때다. 주님이 하셨다면 우리도 해야 한다! 종의 도를 실천하라. 주님 나라의 상징은 수건이라는 것을 명심하라.

십자가는 우리의 '가족 사업'에 대한 상징이다

십자가는 예수님이 갈보리 언덕에서 자신을 희생하심으로 우리를 어두움에서 빛으로 인도하신 것, 구원하신 것에 대한 상징이다. 수건은 우리들의 '가족 사업'과 개개인의 직업을 의미하는 상징이다. 보통 하나님이 일을 이루시는 방식과 우리가 일을 이루어가는 방식은 완전히 다르다.

여기 고든 맥도날드가 쓴 상당히 공감할 만한 내용을 여러분과 나누고 싶다.

예수님의 제자들은 오직 한 가지 정치논리만을 이해하는 문화에서 자랐다. 그것은 바로 힘이다. 왕들과 군대의 힘. 그것은 야만적인 무력이었다. 그리고 하나님의 승인을 공포하거나 거절해 버리는 종교집단의 힘. 가족, 마을, 그리고 부족내 전통의 힘. 이런 것들이 사람들을 아무 생각 없이 제시된 '삶의 방식'에 순응하도록 몰아붙이는 것이었다.

우리들도 여전히 수건보다는 칼을 사용하는 것이 더 쉽다는 것을 안다. 그리고 죄인들과 의인들을 향해 의분을 뿜어내며 손가락질 하는 것이 그들의 발을 씻기고 형제들의 상처를 싸매고 가난한 자들을 먹이고 헐벗은 자들을 입히는 것보다 더 쉽다는 것을 안다.

종은 더러워지는 것을 기분 나빠하지 않는다

이유야 어찌됐든 간에 우리는 설교를 통해 사람들을 하나님의 나라로 밀어넣는 것을, 그들을 사랑해서 하나님의 임재 가운데로 인도하는 것보다 더 쉽게 생각한다. 아마도 종은 더러워지는 것을 기분 나빠하지 않기 때문일 것이다. 종이 되려면 우리는 어렵게 얻은 종교적인 의복들을 벗어버리고 겸손과 있는 그대로의 연약함과 섬김의 의복을 입어야 한다. 맥도날드는 이것을 이렇게 표현했다.

예수님의 섬김의 특징은 아이든 나병환자든 이방인이든 이성이든 죄인이든 누구든간에 그가 자신보다 더 중요하다는 것이다. 섬김은 무엇을 의미하는가? 그것은 당신을 하나님의 임재 가운데로 인도할 수만 있다면 나의 모든 소유, 모든 존재를 당신을 위해 사용할 수 있다는 뜻이다. 섬김은 내가 내 인생의 가치를 높이는 것을 말하지 않는다. 섬김은 내가 당신 인생의 가치를 높이는 것을 말한다.

❃ 데 이 빗 이 말 하 다 ❃

"종은 더러워지는 것을 기분 나빠하지 않는다"는 토미의 말에 전적으로 공감한다. 마침내 우리가 우리의 자존심을 내려놓고 종의 수건을 두르게 되면 뭐든지 감당할 수 있다. 섬기는 일을 하는 중에 생각지 못한 변화와 자극과 문제들이 발생하여 압박해 올지라도 괜찮다.

우리는 예기치 않은 상황의 압박 속에서 진실을 발견한다

주님은 종종 우리를 새로운 상황으로 이끄셔서 우리 자신에 대한 재고 조사를 하게 만드시고 중심의 동기를 확인케 하신다. 그것은 바로 예기치 않은 상황의 압박 속에서 일어나는 일들이다. 그때 우리는 섬김이라는 것이 단지 우리가 행하는 것인지 아니면 정말 우리의 존재 그 자체인지를 알게 된다. 그때에 비로소 우리가 정말 신뢰하고 있는 것이 무엇인지 알게 된다.

내게도 그런 일이 있었다. 그것은 앞에서 언급했던 화산이 폭발한 몬세라 섬으로 사역을 가기 위해 장비들을 운반할 때 있었던 일이다. 나는 모든 장비가 한꺼번에 목적지에 도착하기를 바라고 있었다. 그래야만 어느 정도 사역을 조직하고 준비한 뒤에 여정에 오를 수 있기 때문이었다.

사역을 시작하기 전에 처음으로 하는 일은 십자가와 대야를 연결하고 물탱크와 수건을 걸고 그 지역 언어로 번역된 성경 몇 권을 챙기는 것이다. 그리고는 보통은 주님이 미리 알려 주신 정해진 길로 도보 여행을 시작한다. 그러나 몬세라로의 여정은 완전히 다른 방식으로 진행되었다.

서인도제도에 있는 몬세라에 도착하기 위해 우리는 남아프리카 공화국에서부터 뉴욕으로 다시 뉴욕에서 앤티가 섬으로 날아가야 했다. 거기서 우리는 몬세라로 들어가는 나룻배를 타야 했다.

우리가 앤티가에 도착했을 때 내 친구 리와 내가 알게 된 사실이 있었다. 물탱크와 십자가와 대야를 담고 있는 짐가방이 유럽에서 뉴욕으로 오는 길에 문제가 생긴 것이다. 간단히 말해서 그 짐가방은 세 개의 항공사 사이에서 세 번 발견되었다가 네 번 분실되었다! 적어도 한 번은 우리가 실제로 그 짐가방을 보관하고 있던 사람과 직접 대화를 나누었다. 그리고 그는 그 가방에 직접 짐표를 붙여서 항공사 운송 벨트 위에 올려놓았다. 가방은 우리에게 오게 되어 있었다. 하지만 그 짐이 뉴욕과 앤티가 사이에서 또다시 분실된 것이다.

앤티가에서 우리를 돕던 대리인은 한 항공사 직원의 책상 위에서 실제로 우리 가방의 짐표를 발견했다. 그리고 나도 세관의 짐 목록에서 우리 짐이 도착했다는 것을 확인한 기록을 보았다. 그럼에도 불구하고 그 짐은 어디에서도 찾을 수가 없었다.

한 항공사 직원이 나에게 왜 그 짐을 찾는데 그렇게 혈안이 되어 있냐고 물었다. 그는 가방의 내용물들에 대해서 변상을 해 줄 테니 내용물이 무엇인지 말해보라고 했다. 나는 그에게 교회에 다니냐고 물어보았다. 그는 "그다지"라고 대답했다. 나는 그에게 모세를 아냐고 물어보았다.

어떻게 나무 십자가에 값을 매길 수 있는가?

그는 안다고 말했다. 나는 그에게 모세가 이스라엘 백성을 광야에서 인도하던 중 지팡이를 잃어버린 것과 같다고 말했다. 확신컨대 하나님은 아론의 지팡이에 역사하셨던 것처럼 어떤 사물에 그분의 기름부으심을 허락할 때가 있다. 그러니 어떻게 십자가와 대야를 묶어놓은 그것에 값을 매길 수 있단 말인가? 그 십자가로 수천 명의 발을 씻겼고 나병환자들이 치료되었고 깨어진 가정들이 회복되었고 도시 전체가 부흥하는 것을 목격했다. 그 십자가와 대야를 가지고 창녀들과 농부들과 대통령들에게 사역했다. 세상적으로 보면 단돈 50달러나 되겠는가? 하지만 당시에는 1만 달러를 준다 해도 모자라다고 생각했다. 물론 그만큼의 돈이 있어야 하겠지만 말이다.

우리는 세 곳의 물품창고와 세관 창고를 확인할 수 있는 허가서를 받아서 창고에도 들어가 보았지만 그 어디에도 없었다. 한 주간 여러 번 이동하고 공항에서 심한 혼란을 겪은 뒤 인내심의 한계에 도달했지만 물건 찾는 일을 중단하고(영적으로는 계속 공격을 당하고 있었다) 어쨌든 간에 몬세라로 출발하기로 결정했다.

전 세계를 돌면서 사역했던 지난 몇 년 동안 나는 짐을 붙일 때 그 안에 십자가와 대야를 넣고 나머지 모든 장비와 물품들을 넣는 것이 습관이었다. 남아프리카 공화국 안에서 움직이든 해외에서 사역을 하든 그것은 마찬가지였다.

그러나 이번에는 내가 직접 갖고 다니는 짐 속에 발 닦을 대야를 챙겼었다. 물론 십자가와 휴대용 물탱크와 수건과 성경책들은 여전히 그 어느 항공사에서 돌아다니고 있겠지만 적어도 내게는 대야가 있었다.

나는 나머지 장비가 없이 어떻게 사역을 해야 하나 생각했다. 하나님이 여기까지 나를 인도하신 것을 알지만 이제는 어떻게 해야 하는지 스스로에게 자문해 보았다.

"나는 십자가와 장비들을 신뢰하는가 아니면 주님을 신뢰하는가?"

나는 내면 깊은 곳까지 들여다 보았다.

여전히 십자가와 장비들을 잃은 데 대한 절망감을 안고 마침내 리와 더불어 몬세라에 도착했다. 나는 내 마음 깊은 곳에 있던 나 자신의 행동 기준이 수면 위로 떠오르는 것을 느꼈다. 나는 몬세라에서 고통 가운데 있는 사람들의 처지를 대하기 전까지 나 자신의 감정을 추스르느라 힘들어 하고 있었던 것이다.

장화를 신어라, 도보로 다니며 기도하자

섬에 도착한 날 아침에 나는 리에게 도보용 장화를 챙겨왔느냐고 물었다. 그는 챙겨왔다고 했고 나는 그에게 장화를 신으로고 했다. 우리는 영적인 분위기를 파악하기 위해서 걸어다니며 기도하기로 했다. 우리는 하루종일 걸어 다니면서 이제껏 우리가 본 중에 가장 지형이 가파르고 날씨가 무더운 지역을 다녀야 했다.

다음날 우리는 하루종일 금식하며 기도했다. 마침내 주님이 내게 말씀하시는 것을 느꼈다.

"나는 네가 이 섬에 나의 발자취를 남기기 원한다."

바꿔 말하자면 주님은 화산 폭발 이후에도 남아있는 섬의 모든 집에 찾아가서 집에 사람이 있든 없든 그 집을 위해 기도하기를 원한다는 말씀이었다. 겉으로 보기에는 좀 바보 같은 짓이었지만 하나님의 종들이 사소해 보이는 일에도 순종과 기쁨으로 기꺼이 섬기면 하나님께서 무슨 일을 행하실지 확인할 수 있을 것이었다.

다음날 아침 방을 나설 때 나는 손수건과 함께 구석에 놓여있는 대야를 바라보았다. 대야가 매우 쓸쓸해 보였다. 그 순간 성령께서 그 대야를 들고 가리는 감동을 주셨다.

나는 발 닦는 대야를 꼭 붙잡고 첫 번째 집을 향해 걸어갔다. 그 집에 남아있는 유일한 거주자는 래스터패리언^{에티오피아 왕 하일레셀라시에를 가리키는 '자 래스터패리'를 신으로 섬기며 자신들의 고향이자 약속의 땅인 아프리카로 돌아가자는 것을 교리로 하는 신앙의 추종자들}이었다. 그는 머리털을 가늘게 땋아서 곱슬곱슬하게 하고 있었는데 그것은 래스터패리언의 전형적인 헤어스타일이었다. 이런저런 다양한 주제로 대화를 나누다가 마침내 내가 그의 발을 닦는 동안 그는 자신의 마음을 예수님께 내어드렸다.

몇 집을 더 갔을 때 만난 한 여인은 우리가 그 섬에 온다는 소식을 들었다고 했다. 그녀는 우리를 기다리고 있었다. 우리는 함께 기도했고 그녀의 발을 닦았다. 우리는 하루종일 이렇게 사역했다. 어떤 가게들은 화산으로 폐허가 된 가운데서도 상점을 운영했다. 가게 주인들이 우리를 초대해 들일 때 주님은 우리를 통해 그들에게 사역하셨고 상점 안에서 그들의 발을 씻게 해 주셨다. 주님의 은총이 우리와 함께 하고 있었다!

모든 방법을 동원해서 반드시 말씀을 증거하라

하루는 어떤 남자가 갑자기 찾아와서 몬세라 라디오에서 우리를 인터뷰하도록 자신이 약속을 잡아놓았다고 말했다. 솔직히 우리가 그런 수고를 할 필요가 있을까 싶었다. 상황이 열악할 것이라 예상은 했지만 라디오 방송국에 가 보니 예상대로 열악함 그 자체였다.

그곳은 간이 스튜디오로 사용하고 있는 오래된 가옥이었다. 원래 있던 스튜디오는 화산 폭발로 사라져 버렸다. 스튜디오 안에는 탁상용 스탠드 위에 마이크 하나만이 외롭게 서 있었다. 그것을 보자 음향 시스템이라고는 달랑 마이크 하나인 오래된 학교 강당이나 교회 건물들이 떠올랐다. 분명히 훌륭해 보이는 조건은 아니었지만 주님은 다시 한 번 그분의 방식이 나의 방식과는 다르다는 것을 보여주실 참이었다.

그날의 만남에서 가장 어려운 점은 테이블에 앉은 두 사회자들이었다. 리와 나는 그들과 마주 앉아있었다. 우리는 그들의 태도를 통해서 곧 그들이 크리스천이 아님을 알 수 있었다. 사실 그들은 상당히 우리에게 적대적이기까지 했다.

하지만 인터뷰가 진행되는 동안 나는 성령께서 역사하셔서 그들의 확신과 태도가 변하기 시작하는 것을 느낄 수 있었다. 인터뷰 내내 나는 마음 속으로 이런 질문을 하지 않을 수 없었다.

"도대체 이 라디오 프로그램을 듣는 사람이나 있단 말인가?"

우리는 하나님의 품속에 도대체 어떤 선물이 담겨있는지 전혀 알 수 없었다. 하지만 우리는 나중에 몬세라 라디오가 그 섬의 유일한 라디오 방송국이라는 사실을 알게 되었다. 또한 그 방송국에서 화산의 움직임과 구조작업 진행상황을 하루종일 시간대별로 방송하고 있기 때문에 온 나라가 그 방송에 채널을 고정하고 있다는 사실도 알게 되었다.

몬세라 스타일의 오순절을 환영하라

그러나 여전히 우리가 모르고 있는 것이 있었다. 우리를 인터뷰했던 사회자들이 그 내용을 아주 좋아해서 모든 청취자들에게 그 방송을 3일 연속으로 틀어주었다. 그쯤 되자 섬에 있는 모든 사람이 우리가 누구인지 알게 되었다. 우리는 순식간에 대중 스타처럼 되어버렸다. 실제로 우리가 길을 걸어가다 보면 사람들이 차를 멈춰 세우고 악수를 청해 오는 것이었다. 어떤 사람들은 집에서 뛰쳐나와 질문하기도 했다.
"우리가 구원받기 위해 무엇을 해야 하나요?"
우리는 그야말로 다시 한 번 오순절을 몬세라 스타일로 재연하고 있는 것이었다.
한 여인이 우리에게 요청하여 그녀의 집에 들어가 섬긴 적이 있다. 우리가 그녀를 위해 기도하고 있는 동안 뜻밖에 그 지역에서 악명 높은 한 남자가 그녀의 집에 찾아왔다. 그는 갑자기 성령의 역사로 인해 땅에 무릎을 꿇더니 자신의 죄를 회개하기 시작했다! 우리는 그가 회심하던 그 날 그의 발을 씻어 주는 기쁨을 누렸다.
다시 한 번 주님은 길이 없는 곳에 길을 내셨다. 우리는 옷 몇 벌과 발 씻을 대야와 수건 한 장만 달랑 들고 몬세라에 왔다. 그러나 하나님은 이것들을 사용하셨다. 조금 당황하면서도 순종한 종들의 손에서 이 작은 도구들을 사용하셔서 그 섬나라 전역에 섬김의 능력을 보여주시고 성령의 역사를 부어주셨다. 우리는 성전 미문에서 앉은뱅이를 만났던 베드로와 요한이 어떠한 느낌이었는지 조금은 알 것 같았다. 그때 베드로가 이렇게 말하지 않았는가.

> "은과 금은 내게 없거니와 내게 있는 이것을 네게 주노니 나사렛 예수 그리스도의 이름으로 일어나 걸으라" 행 3:6.

토미가 말하다

데이빗이 몬세라에서 경험한 것을 보며 우리는 질문하게 된다.
"우리가 매일 만나는 사람들에게 우리는 무엇을 해야 하는가?"
이제 당신의 신발닦이 도구들을 꺼내서 당신에게 상처받은 사람의 신발에 눈물을 흘려야 할 때가 되지 않았는가? 하나님께서 당신에게 사랑과 섬김의 마음을 채워주사 다른 이의 고통과 슬픔 속으로 들어가도록 부르지 않으시는가? 당신의 검을 내려놓고 수건을 두르라. 하나님께서 당신에게 주신 것들을 신뢰하라. 그리고 이제는 믿음으로 그것을 나누어 주라.

07
예수님의 초자연적인 시력으로 보라
종의 눈을 가지라

❧ 토 미 가 말 하 다 ❧

때로 수건을 두르려면 수건을 먼저 보아야 할 때가 있다.
요전날 아빠로서 딸의 방을 검열하러 가본 적이 있다.
"방 청소 했니?"
그러자 딸은 그 특유의 반짝이는 눈과 명랑한 미소로 대답했다.
"그럼요, 아빠."
하지만 딸의 방에 들어가서 놀란 것은 모든 게 엉망이었기 때문이다. 옷들은 침대와 방바닥에 뒹굴고 있었다. 딸의 반짝이는 눈과 명랑한 미소에도 불구하고 우리 꼬마 소녀의 방은 무질서 그 자체였다. 나는 딸을 불러서 말했다.

"얘야, 네 방을 보렴. 좀 심하잖니?"

그러나 딸은 범죄 현장을 보고도 여전히 예전처럼 밝게 웃으며 말했다.

"괜찮아요, 아빠. 이 정도면 저한텐 깨끗한 거예요."

우리 두 사람의 관점의 차이는 방과는 아무 상관이 없는 것이었다. 단지 우리는 서로 다른 두 눈을 통해 그 방을 바라보고 있었을 뿐이다.

당신도 아이들이 있다면 공감할 것이다. 뭐 하나 시키려면 얼마나 주의가 필요한지, 그리고 신발 한 짝이 방구석에 쳐박혀 있는데도 심지어 애는 그 사실조차 모르는 경우가 허다하다. 그뿐인가! 수업시간에 사용하는 공책을 잃어버리기도 하고, 안경이나 오늘 가져가야 하는 학교숙제를 잃어버리기도 하고, 중요한 것을 너무 잘 잃어버린다. 아이들이라면 전 세계 공통으로 사용하는 말이 있다.

"아무 데도 없어요. 못 찾겠어요."

당연히 잃어버린 물건은 부주의하게 흘리거나 잊어버린 곳에서 발견된다. 어릴 적 나의 할머니는 그럴 때면 이런 지혜로운 말씀을 하셨다. 아직도 그 말이 나의 기억의 캔버스 위에서 지워지지 않았다.

"너무 가까운데 있어서 그게 뱀이었으면 벌써 널 물었을 걸."

당신에게는 그리스도 안에서
패러다임을 바꾸는 경험이 필요하다

우리들이 섬김의 가치를 배우지 못하는 것은 대부분 우리에게 '종의 눈'이 없기 때문이다. 우리는 다른 사람을 섬길 필요나 그들을 섬김으로 하나님을 섬기게 되는 일이 얼마나 가치있는 것인지를 볼 수 있는 눈이 없는 것이다. 그렇다면 당신에게는 눈이 확 열리는 경험이 필요하다. 그 경험을 통해 당신의 패러다임, 생각의 틀, 사고방식이 변할 것이다. 그후에야 비로소 당신은 섬김의 능력을 이해하게 되고 섬김의 종이 될 수 있다.

그것이 바로 영광의 주님께서 자신의 명예를 내려놓으시고 우리의 세상에 들어오신 이유이다. 주님은 우리의 세속적이고 자기중심적인 패러다임을 깨뜨리는 놀라운 경험을 주기 위해 오셨다.

예수님은 지상에서의 사역을 통해 섬김의 본을 보여주셨다. 지상에서의 삶과 사역을 마치실 때 종의 수건을 두르시고 이 점을 말씀하셨다.

"너희들은 마리아가 눈물로 내 발을 씻을 때 이해하지 못했다. 이제는 내가 더 확실하게 너희들의 패러다임을 바꾸어 주어야 할 거 같다. 발을 씻는 것은 마리아 같은 사람들에게만 해당되는 것이 아니다. 그것은 모두의 과제다. 너희들 모두가 '씻어야 하고 씻김을 받아야 한다.'"

수건을 두르려면 수건을 먼저 볼 줄 알아야 한다! 대개의 경우 미숙함은 성숙함이 보는 것들을 보지 못한다. 예수님은 그의 제자들에게 말씀하셨다.

"눈을 들어 밭을 보라 희어져 추수하게 되었도다" 요 4:35.

'밭'에는 문제가 없다. 문제는 그들 바로 앞에 놓여있는 것들을 볼 수 없는 일꾼들이다.

진정한 의미의 섬김은 시력 검사다

이런 비유를 들어보자. 당신이 안과에 찾아가서 익숙한 시력표를 대하고 서 있다고 상상해 보라. 당신 눈에 보이는 것이 큰 글자 '그' 하나만일지라도 안과 선생님은 당신이 봐야 할 글자들이 점검표 위에 많이 있다고 즉시 지적할 것이다. 진정한 의미에서 섬김이나 기독교로의 거룩한 부르심은 시력 검사이다.

당신에게 시력 점검이 필요하다고 해서 놀라지 말라. 우리들 대부분이 필요하기 때문이다. 이렇게 명명해 보면 어떨까?

"예수님의 안경 쓰기."

그 순간 당신은 주님이 보시는 대로 사물을 보게 될 것이다. 주님이 눈물을 흘리시는 곳에 당신도 눈물을 흘리고 주님이 기뻐하시는 일에 당신도 기뻐한다.

때로 예수님은 매우 기뻐하시는데 제자들은 예수님이 왜 그렇게 기뻐하시는지 이해할 수 없었다. 또 다른 경우 예수님은 우시는데 제자들은 뭐가 그렇게 슬픈지 도저히 알 수가 없었다. 예수님이 미쳤거나 과민하신 게 아니었다. 단지 예수님은 그들과 세상을 다르게 보고 계셨다.

많은 경우 우리는 기독교라는 자기만의 방에 들어앉아 문을 걸어 잠그고 창문을 닫고 커튼을 친 뒤 밖으로 나가려 하지 않는다. 왜냐하면 바깥 세상에 무엇이 있는지 아는 것이 두렵기 때문이다. 밖에 뭐가 있는지 두렵다면 당신은 밖에 있는 것에는 영향을 미칠 수 없다. 하나님의 아들은 우리의 세계에 들어오기 위해 자신의 세계를 떠나야 했다. 그렇다면 당신과 나도 뉴스에 나오는 세상에 영향을 미치려면 장의자로 구성된 교회라는 세상을 떠나야 한다. 교회 모임과 우리만의 전도운동 말고 바깥세상을 보라.

안타깝게도 바깥세상으로 들어간 사람들 중 심판의 메시지로 세상을 저주하고 호통 치는 경우가 많다. 그러니 뉴욕과 헐리웃에 있는 대중매체 간부들을 비롯해서 세상이 교회를 비판적인 단체로 보지 않겠는가. 이것이야말로 모순이 아닐 수 없다. 그들이 우리 가운데서 더 많은 종의 모습을 발견할 수만 있다면 그들은 우리 안에서 예수님을 더 많이 보게 될 것이다. 그리고 그들이 예수님을 더 많이 보게 되면 그들의 삶의 방식도 변할 것이다.

우리는 우리가 보고 싶어하지 않는 것들을 간과하고 있다

우리는 우리가 보고 싶어하는 것들만 보고, 보고 싶지 않는 것들은 완전히 간과하는 경향이 있다. 우리는 하나님의 말씀도 개인적인 여과기로 걸러내려고 한다. 그래서 우리 자신의 견해를 강화해 주는 성구들만 읽고 표시한다. 그러는 동안 우리는 현재 우리의 생각과 선호하는 사상과 지론에 상충되는 구절들은 모두 여과기로 걸러내거나 쏟아버린다.

이런 여과기가 때로는 긍정적인 측면도 있다. 당신이 어떤 복음 전도자를 통해 인생에 기름부음을 경험했다고 하자. 그러면 당신은 성경에서 '능력'이라는 단어가 나오는 구절들을 찾아볼 것이다. 그리고 그 구절들은 당신이 하나님의 빛으로 어둠의 세계를 공략하는 데 도움을 줄 것이다. 예언적인 말씀을 찾는다면 성화되지 않는 신자들과 회개하지 않는 죄인들을 향해 직설적으로 흑백 선언을 한 구절들을 찾을 것이다. 목양적이고 양육적인 부분을 더 원하는 사람은 회복, 치유, 긍휼에 대한 구절들을 찾을 것이다. 당신에게 치유가 필요하다면 말씀을 연구할 때 당연히 그 쪽의 여과기를 사용할 것이다.

문제는 당신이 이미 거기 있음을 알면서도 그것을 찾는다는 것이다. 그것은 아이가 과자봉지를 사서 과자는 쏟아버리고 봉지 안에 숨어있는 장난감 상품만 건지려는 것과 같다.

베드로와 요한은 예루살렘의 헤롯 대성전에 들어가기 위해 미문을 발이 닳도록 지나다녔을 것이다. 그러나 그들이 다락방에서 성령님을 만나게 된 이후에야 그들은 나면서부터 앉은뱅이 된 거지를 발견하였는데 뭔가 다른 것을 보게 되었다. 예전 같으면 돈 몇 푼 주면 마음 편하게 잊어버릴 수 있는 그런 존재에 불과했다. 그가 성전 안에서 진행되는 엄숙한 예식을 방해하지 않는 한 그는 금세 잊혀졌을 것이다.

섬김의 수건을 두르라

오순절 이후 어느 날 두 사도는 현대적으로 표현하자면 이렇게 말했다.

"아니 이럴 수가! 이 친구를 수도 없이 지나쳤는데 한 번도 본 적이 없었네."

성경을 볼 때 알 수 있다. 베드로와 요한의 눈이 열리자 그들은 섬김의 수건을 두르고 이전에는 몰라보았던 그 사람의 필요를 채우기 시작했다.

필요를 보고 섬김의 수건을 두르려고 한 그들의 '순종'이 시작이었다. 그로 인해 일련의 기적적인 사건들이 일어났고 5천 명이나 되는 영혼들이 하나님의 나라에 들어가게 되었다. 이로 인해 베드로와 요한은 예수 그리스도의 복음을 전했다는 이유로 처음으로 감옥에 갇히게 된다.

긍휼은 기적 배후에서 기적을 움직이는 요소이다. 하지만 마음의 긍휼도 눈의 감지에 의해 시작된다. 당신이 반응하려면 그 전에 '감동'이 있어야 한다. 솔직히 우리에게 감동이 없는 것은 대부분의 경우 우리가 너무 빨리 움직이기 때문이다. 우리는 우리 자신의 일들만 챙기느라 평생 불이나게 뛰어다니지만 주변에서 일어나는 일들에 대해서는 쳐다도 안 보고 기억도 하지 않는다.

우리는 세상을 시속 100킬로미터로 빠르게 달리면서 마약이 횡행하고 가난으로 찌든 동네들을 지나쳐 버린다. 그러나 당신이 시간을 가지고 그런 지역에 사는 사람들을 실제로 만나보거나 이웃 동네를 걸어다녀 보면 전혀 생각과는 다르다.

그 순간 당신은 그 '나쁜' 이웃동네에서 아파하는 사람들을 보게 될 것이다. 조심하라. 긍휼의 마음을 가지면 최악의 두려움이 사라지고 당신은 문제의 중심에 서게 된다. 그 지점에까지 이르면 긍휼의 마음으로 인해 당신은 사람들의 필요를 예수님의 이름으로 채워주게 될 것이다.

예수님이 자신에게 일어날 수 있는 일들을 두려워하지 않을 수 있었던 것은 마음에 있는 긍휼을 풀어놓으셨기 때문이다. 물론 주님은 아셨다. 그분이 가장 두려워하는 일이 이 길을 계속가면 일어나고 만다는 것을. 그러나 주님은 십자가를 향해 어쨌든 계속 걸어가셨고 사람들에게 거부당하고 거절당하셨다. 그러나 그것은 문제가 아니었다. 주님이 이 땅에 오신 것은 "그 앞에 있는 즐거움을 위하여" 종이 되어 자신의 목숨을 내려놓는 것이었기 때문이다 히12:2.

우리가 섬김의 자리로 가기 전에 하나님은 우리에게 사람들의 필요를 보게 하시고 긍휼의 마음이 일어나게 하신다. 안타깝게도 세상은 종이나 섬김에 대해서 생각할 때 지역사회사업을 위해 기금을 조성하는 로터리 클럽이나 아동 병원을 위해 기금을 조성하는 쉬라이너스 형제우애를 기초로 자선활동을 하는 프리메이슨 단체 정도만 떠올린다. 세상은 교회를 바라보면서 이런 생각만 한다.

'으, 저 사람들은 당신의 돈을 원할 뿐이야.'

진정한 섬김은 세상의 패러다임도 바꿀 수 있다

우리가 세상의 필요에 대해 눈을 감고 있는 동안 우리는 나쁜 평판을 갖게 되었다. 그러나 이제는 세상으로 나와 우리의 소명과 기름부으심 대로 살아야 한다. 종이 되어 살아야 한다. 진정한 섬김, 즉 행동하는 섬김은 세상이 우리를 보는 패러다임도 바꿀 수 있다. 개인들도 정부도 종에게 힘을 실어주는 것은 두려워하지 않는다. 다만 그들 위에 군림하려는 사람이나 조직에 힘을 실어주는 것을 두려워할 뿐이다. 교만한 자에게 도움을 청할 사람은 없겠지만 종에게는 누구든 도움을 청할 수 있다.

우리는 지금까지 순교자 바울보다는 살인자 사울처럼 행동해 왔다. 한때 고발자였고 처단자였으며 종교계의 악동이었던 사울이 빛을 본 이후로 패러다임의 전환을 경험했다. 그 순간 그는 자신의 에너지와 충성을 전환하였다. 그는 한때 자신이 죽이려던 바로 그 사람들을 보호하고 지켜주기 시작했다. 평화의 왕과 만난 단 한 번의 극적인 사건으로 인해 사울은 완전히 변하여 온유한 천국의 종 바울이 되었다.

데이빗이 말하다

토미가 설명한 것처럼 하나님은 단 한 번의 초자연적인 만남을 통해 사울을 바울로 변화시키셨다. 나는 하나님께서 이 율법 전문가를 이방인을 위한 사역에 헌신하도록 보내셨다는 점을 말하고 싶다. 하나님은 우리의 한계를 아신다. 그런데도 하나님은 그 한계들을 뛰어넘어 우리를 사용하겠다고 하신다. 반복해서 주님은 단순하고 평범한 사람들을 불가능한 상황 속으로 인도하셔서 그들의 눈을 열어주시고 그들의 심장을 긍휼의 마음으로 불태우신다. 그리고는 주님의 긍휼의 마음을 주시고 주님이 그들을 인도하사 결코 홀로 두지 않으실 것이라는 약속과 더불어 그들을 내어보내신다.

긍휼 때문에 우리는 세상에서 가장 건조하고 황폐한 땅인 남부 수단에 간 적이 있다. 그 일은 텔레비전 뉴스를 보면서 시작되었다. 하나님은 내게 난민 수용소에 있는 수단의 난민들이 겪고 있는 어려움을 보게 하셨다. 남부 수단에 살고 있는 대부분의 사람들은 명목상의 크리스천이거나 정령숭배자들이었다. 한편으로는 기근과 가뭄의 참상으로 인해 아사의 위기를 지나야 했지만 다른 한편으로는 북쪽의 이슬람 반군들로 인해 살해 위협을 받아야 했다. 그들이 이교도라는 이유 때문이었다.

나는 그들의 상황을 놓고 기도하기 시작했다. 긍휼의 마음이 차오르기 시작하면서 나는 십자가와 대야를 들고 수단에 가서 어떻게든 할 수 있는 사역을 시작할 때가 되었음을 확신케 되었다. 나는 수단 정부에 입국비자를 요청했지만 공식적으로 수단은 이슬람 국가이고 나는 크리스천이었다. 매번 신청할 때마다 정부에서 내 요청을 거절했다.

그때 하나님께서 초자연적으로 재정을 풀어놓으셨고 문을 열어 주셨다. 그래서 나는 우간다, 케냐, 에티오피아와 수단의 국경이 만나는 곳에 위치한 국제연합의 자그마한 지역 기지로 향했다. 나는 그들을 설득하여 국제연합의 전세기편 하나를 얻어타고 640킬로미터를 여행하여 남부 수단에 있는 와트의 작은 기지에 도착했다.

처음 그들을 보았을 때 두 주 동안 충격에 빠졌다

비행기가 지저분한 작은 활주로에 내리자 엄청나게 먼지가 날리더니 수백 명의 지역민들이 우리에게 달려들었다. 짐도 별로 없었는데 장정 몇 사람이 우리의 짐을 내려주었다. 나는 그곳의 어려운 처지를 이해할 수 있을 거 같았다. 하지만 앞으로 두 주 동안 나를 충격에 빠뜨릴 장면을 보게 되리라고는 전혀 상상하지 못했다.

비행기에서 내릴 때 보니 남자고 여자고 다들 뼈만 앙상하고 게다가 옷 하나 걸치지 못한 것을 보았다. 그들은 원해서 나체로 있는 것이 아니었다. 그들에게는 옷도 짐승 가죽도 뭐 하나 제대로 걸칠 수 있는 것이 하나도 없었다.

내가 여기서 뭘 하고 있는 것인가? 이것은 홀로코스트_{나치의 유대인 대학살}이다! 나는 거기 십자가와 대야를 가지고 그런 생각을 하고 있었다. 나는 그 단순한 도구들을 가지고 수천 명 사람들의 발을 씻겨 왔건만 그 고통스러운 순간만큼은 완전히 무기력하게 느꼈다. 내 눈에 보이는 것이라고는 절망뿐이었다.

전에도 전쟁터나 난민 수용소를 가본 적이 있고 전 세계 곳곳에서 비참한 기아 상태를 보아왔다. 하지만 이런 광경은 처음이었다. 난민 수용소를 한 걸음씩 걸어들어 갈 때마다 내 가슴은 무너져 내렸다.

나는 수백 명의 아이들을 보았다. 발은 막대기처럼 무릎에 붙어서 무릎 관절로 연결해 놓았을 뿐이었다. 영양실조로 인해 아이들이고 어른이고 전부 막대기 같은 모양이었고 그 모습은 정말 죽은 자가 걸어다니는 것 같은 끔찍한 모습이었다. 거기서 보았던 것들을 일일이 묘사할 수조차 없다.

"오! 하나님, 우리가 무엇을 해야 하겠습니까?"

사람들이 해가 뜨면 오밤중까지 망가진 우물 한 곳에서 물을 퍼 보겠다고 양동이를 들고 찾아왔다. 나중에 발견한 것이지만 그 우물물은 인분이 스며들어 오염되어 있었다.

그날 밤 심장은 고동치는 가운데 하나님께 외쳤다.

"오! 하나님, 우리가 무엇을 해야 하겠습니까?"

하나님은 침묵하셨다. 나는 눈을 감고 잤다가 깼다가를 밤새 반복했다. 다음날 아침 나는 일찍 일어나서 돌아다니다가 지역의 부족민들이 죽은 사람들을 모으고 있는 지역에 이르렀다. 나를 경악케 한 것은 말 그대로 독수리들이 굶어서 쓰려져 가는 사람들이 죽기만을 기다리고 있는 장면이었다. 그들이 땅에 묻히기도 전에 독수리들이 죽은 자들의 몸을 먹는 것은 흔한 일이었다.

나는 그 다음 며칠 동안 충격 가운데 걸어 다녔으며 무시로 성령 안에서 기도했다. 나는 당황스러웠다. 내가 죽어가는 사람들의 발을 씻기며 예수님이 그들을 사랑하신다고 말하는 것이 모두 부질없어 보였다. 하나님은 내게 그 이상의 것을 행하기 원하셨다. 하지만 나는 어디서부터 시작해야 할 지 몰랐다.

나는 지역민들과 친구가 되었고 그들의 사랑하는 사람들이 죽어간 이야기를 들어주었다. 그들은 복음에 대해 거의 아는 바가 없었다. 그들은 단지 "이슬람은 나쁘고 기독교는 좋다"라고만 알고 있었다. 그들은 내게 무슬림 병사들이 사람들을 총살시키기 전에 하는 말을 들려주었다. "지금 이슬람으로 개종하면 옷과 음식을 주겠다. 개종하지 않으면 총살시키겠다." 그리고 많은 이들이 총살당했다. 와트에서 지내는 동안 나는 수시로 하나님께 질문했다.

"어디서부터 시작해야 합니까?"

두 주 후 나는 남아프리카 공화국으로 돌아왔고 70개의 다양한 교단 교회들의 지원을 얻었다. 그리고는 토양 샘플을 채취하기 위해 일단의 농부들과 함께 다시 수단으로 갔다. 그 토양 샘플을 남아프리카 공화국에 있는 연구소에서 테스트하여 어떤 종류의 영양분이 필요한지 알아보기 위함이었다.

나는 국제연합, 그리고 남아프리카 공화국의 외교부와 해군에 연락했다. 하나님의 은혜로 그들은 모두 돕겠다고 나섰다. 해군의 도움으로 우리는 교회와 농부들이 기증한 수 톤의 옷과 씨들을 싣고 케냐의 몸바사 항구에 이를 수 있었다. 거기서부터 트럭으로 지상 최악의 도로를 3천 2백킬로미터나 달려서 국경에 있는 국제연합의 지역 기지에 이르렀다. 국제연합은 그 옷과 씨를 비행기에 싣고 와트까지 640킬로미터를 가주겠다고 했다. 왜냐하면 거기에는 길이 없기 때문이었다.

종들은 예수님의 눈으로 필요를 보아야 한다

우리는 수단 난민들에게 기독교의 기본 진리를 가르치기 시작했고 그들의 여러 계급에서 크리스천 리더십을 양성해 내기 시작했다. 나는 남아프리카 공화국의 자원봉사자들을 조직해서 와트에 데려와 80에이커의 땅을 손으로 갈아엎어 작물을 심기도 했다. 많은 어려움에도 불구하고 우리는 만 이천 명의 사람들에게 옷을 입힐 수 있었다. 하나님은 내게 그 긴박한 필요들을 보게 하셨고 하나님의 긍휼로 그 필요들을 채우게 하셨다. 나는 그 필요를 다른 사람들에게 이야기했고 크리스천으로서 우리는 이 일에 마음이 움직이지 않을 수 없었다. 진정한 종은 예수님의 눈으로 필요를 보게 되며 마음이 움직이지 않을 수 없다.

예수님의 형제 야고보는 말했다.

"만일 형제나 자매가 헐벗고 일용할 양식이 없는데 너희 중에 누구든지 그에게 이르되 평안히 가라, 덥게 하라, 배부르게 하라 하며 그 몸에 쓸 것을 주지 아니하면 무슨 유익이 있으리요 이와 같이 행함이 없는 믿음은 그 자체가 죽은 것이라" 약 2:15-17.

하나님은 계속해서 바라보면서도 이해하지 못하는 사람들에 대해서 말씀하신다. 그들은 듣는 것도 둔하고 보는 것도 흐리고 느끼는 것도 느리다. 그들은 보기는 보아도 알지 못한다사 6:9.

주님은 계속해서 우리와 함께 일하신다. 우리가 그분의 눈으로 보게 하시고 종으로 세상을 바라보게 하신다. 말하자면 하나님은 먼저 성품을 개조하시고 우리의 마음에 회개를 일으키신 후에는 예상치 못한 사람들을 우리 인생에 보내셔서 우리가 얼마나 그 교훈을 잘 배웠는지 확인해 보신다.

불평의 기도가 교훈을 남기다

한번은 남아프리카 공화국에서 사역할 때 주님께 마음이 불편하여 '불평의 기도'를 드린 적이 있다.

"주님, 도대체 사역의 기회가 여기 어디에 있습니까?"

내가 왜 그런 불평을 했는지 모르겠다. 하루가 거의 다 지나가는데 아무런 특별한 일도 일어나지 않고 계속 걷고만 있었기 때문이다. 주님은 이사야서의 말씀으로 나에게 말씀하기 시작하셨다.

"너희 못 듣는 자들아 들으라 너희 맹인들아 밝히 보라 맹인이 누구냐 내 종이 아니냐 누가 내가 보내는 내 사자 같이 못 듣는 자겠느냐 누가 내게 충성된 자 같이 맹인이겠느냐 누가 여호와의 종 같이 맹인이겠느냐 네가 많은 것을 볼지라도 유의하지 아니하며 귀가 열려 있을지라도 듣지 아니하는도다" 사 42:18-20.

나는 하나님 앞에 회개했다. 내가 무감각하여 하나님이 주신 기회들을 다 놓쳐버렸기 때문이다. 그때 이사야서 다른 장에 있는 구절이 눈에 들어왔다.

"내가 맹인들을 그들이 알지 못하는 길로 이끌며 그들이 알지 못하는 지름길로 인도하며 암흑이 그 앞에서 광명이 되게 하며 굽은 데를 곧게 할 것이라 내가 이 일을 행하여 그들을 버리지 아니하리니" 사 42:16.

그 순간 하나님의 은혜가 내게 흘러들어오는 것을 느꼈다. 하지만 주님은 즉시로 내가 그 교훈을 잘 배웠는지 확인하고 싶어하셨다.

그날 오후 길을 걸어가는데 예전에 느끼지 못했던 영적인 예리함이 느껴졌다. 그것은 전혀 새로운 것이었다. 나는 그게 무엇인지 알고 싶었다. 그래서 시골에 들어서면 항상 하는 질문을 드렸다.

"주님, 오늘 여기서 무엇을 하려 하십니까?"

"주님, 오늘은 문제에 얽히고 싶지 않습니다"

잠시 후 고속도로 순찰차가 내 옆을 지나가는 것이었다. 그러더니 유턴해서 다시 내게로 다가오는 것이다. 순찰차가 길가에 들어서더니 내 앞 자갈밭에 정지했다. 나는 생각했다.

"오 아니요! 주님, 오늘은 문제에 얽히고 싶지 않습니다."

나는 근심어린 눈빛으로 서 있었다. 그때 거구의 교통경찰이 차에서 나와 모습을 드러내더니 내게로 다가왔다. 그는 나를 위아래로 훑어보더니(우리 둘 다 서 있었다) 질문했다.

"당신 뭐하고 있는 거지?"

"케이프타운까지 걸어가고 있는데요."

그러자 그는 이상하다는 표정으로 나를 쳐다보았다. 왜냐하면 당시 나는 케이프타운과는 정반대 방향으로 걷고 있었기 때문이다. 그리고 나서 나는 그에게 예수님에 대해서 소개하고, 내가 예수님을 사랑해서 그 섬김의 사랑을 만나는 모든 이들에게 보여주기 위해 아프리카 대륙의 남부로 걸어가고 있는 중이라고 말했다.

내가 보기에 그는 내가 무슨 말을 하는지 이해하지 못하고 있었다. 하지만 어쨌든 나를 좋아하게 되었다. 사실은 나를 그날 자신의 개인적인 연구과제로 삼은 것이 분명했다. 그는 자신의 순찰차에 타더니 차 방향을 돌려서 나를 그 다음 마을까지 호위해 주겠다고 말하는 것이다!

내가 십자가와 대야와 이상하게 생긴 물탱크 따위를 들고 길거리 사역을 하겠다고 걸어가는 모습만으로도 충분히 이상했다. 그런데 거기다가 이 친구가 고속도로 순찰차에 퍼런 불을 번쩍이면서 길 반대편에서 나를 호위하고 있으니 얼마나 더 이상했겠는가. 그러는 동안 내가 지나가는 차량들 사이로 예수님에 대한 이야기를 해 주자 그는 창문을 열어놓고 내 말에 귀를 기울였다.

이 모든 일이 진행되는 동안 나는 계속해서 주님께 조용히 여쭈어 보았다.

"지금 무슨 일이 일어나고 있는 건가요? 오늘 여기서 무슨 일을 하시려는 건가요?"

"아니요. 저는 당신과 나란히 가고 있을 뿐이에요."

그러나 얼마 가지 않아서 고속도로 순찰차는 느린 속도로 인해 과열되기 시작했다. 그래서 나는 경찰에게 저 멀리 보이는 언덕에 먼저 가서 기다리는 게 어떻냐고 제안했다. 그는 아프리칸스 남아프리카의 공용 네덜란드어 말로 "아니요, 내가 태워다 드리죠!"라고 말했다.

그리고 또 얼마 가지 않아 한 소형 트럭의 운전수가 차를 세우더니 뛰어나왔다! 그는 크리스천이었고 너무나 기뻐서 나와 이런저런 이야기들을 나누었다. 그러는 동안 고속도로 경찰은 차창 너머를 바라보며 점점 더 궁금해 하는 표정이었다.

그 크리스천이 떠나기 전 내게 손을 얹고 기도를 해 주었다. 그리고는 주머니에서 10달러짜리 지폐를 꺼내더니 내 손에 쥐어주고 떠났다. 그리고는 뭐랄까 공식적이기도 하고 비공식적이기도 한 내 호위 경찰을 바라보며 길을 건너가 말했다.

"하나님은 참 좋은 분이지요?"

"보세요. 주님은 이 10달러로 당신에게 복 주기 원하십니다."

그러자 그는 펄쩍 뛰며 말했다.

"아니요, 내가 당신 돈을 받을 수는 없어요."

그러나 내가 하나님께서 그를 복 주시기 원한다고 설득하자 그는 어쩔 수 없이 그 돈을 받았다. 그리고는 또 다시 길을 가기 시작했다. 그 아침에 하나님께서 무엇인가를 하고 계셨지만 나는 여전히 질문했다.

"주님, 오늘 여기서 무엇을 하시려는 것입니까?"

내가 영적으로 보지 못함을 여전히 스스로 인식하지 못하고 있었다. 어두움이 드리우면서 경관은 지나가는 차에 치이겠다고 자기 차에 타라고 강권했다.

"나는 걸어가야지 다른 사람의 차를 타면 안 됩니다."

주님이 그렇게 말씀하셨다고 설명하니까 그 경관은 나를 불쌍하게 여겼다. 나는 저녁 늦은 시간까지 계속해서 걷고 있었고 그 경관은 어둠 속에서 경찰차의 파란 불빛을 번쩍이며 나를 호위하고 있었다.

경찰은 나를 집까지 호위해 주었다

나를 호위해 주던 경찰은 내 트레일러 차를 세워둔 그 마을의 경계선까지 줄곧 인내심을 갖고 끝까지 따라와 주었다. 마을 끝자락까지 왔을 때 나는 마침내 그 친구의 차에 내 짐을 싣고 나도 올라타기로 동의했다. 그러자 그는 번쩍이는 불빛을 켜더니 온 동네가 다 깰 정도의 큰 소리로 사이렌을 울리며 달렸다. 그는 너무나 기뻐서 마을을 가로질러 가며 코너를 돌 때도 거의 속도를 줄이지 않았으며 헐리웃 액션 영화에서나 보듯이 우리집 트레일러 차 앞에 멋지게 멈춰 섰다. 나는 귀한 생명과 함께 있으면서도 여전히 질문했다.

"주님, 오늘 여기서 무엇을 하시려는 것입니까?"

우리가 요란한 불빛과 시끄러운 사이렌 소리를 울리며 트레일러 앞에 끽 소리를 내며 멈춰섰을 때 캐롤의 표현을 빌리

자면 이렇다. 그녀는 내가 체포된 줄 알았다! 그제서야 나는 하나님께서 하루종일 무엇을 내게 보여주시려 했는지 깨달았다. 나는 하나님께서 행하시는 일 한가운데 있었던 것이다. 성령에 대한 나의 둔감함에도 불구하고 하나님은 다시 한 번 내게 은혜를 베풀어 주셨다.

우리는 그 교통 경관을 트레일러 안으로 초대해서 예수님의 구원의 사랑에 대해 말해 주었다. 즉시로 그는 조용해졌고 진지하게 경청했다. 그는 예수님께서 그를 위해 십자가 위에서 무엇을 행하셨는지 깨닫기 시작했다.

마침내 그는 트레일러 밖에 앉아 어린아이처럼 겸손하게 대야 위에 발을 담았다. 사실 이상한 장면 아닌가. 어떤 상황에서든 경찰관 복장에 그 정도의 덩치면 누구나 겁에 질릴 것이다.

그는 조용히 예수님을 자신의 주님과 구주로 영접했다. 그리고는 자신의 평생에 알코올 중독과 씨름해 왔다고 고백했다. 우리는 예수님의 이름으로 알코올 중독의 영을 쫓아냈다. 그리고는 그가 저 멀리 차를 몰고 떠나는 것을 한동안 지켜보았다.

어디에도 결과는 없었다

그로부터 이야기는 거의 2년간, 그리고 이후의 1,900킬로미터 동안의 여로에서 아름다운 결과로 이어졌다. 내가 한 마을을 지나 남아프리카의 남부에 있는 모셀 베이라는 또 다른 마을을 향하고 있을 때 차 한 대가 난데없이 나타나서 내 옆에 멈춰섰다. 그 즉시 케이프 지역의 고속도로 경찰차의 빨간 줄무늬와 파란 별과 파란 불빛이 눈에 띄었다.

경관은 차에서 고개를 내밀고 물었다.

"저 기억 못하시겠어요?"

내 심장은 기쁨으로 뛰었다.

"물론 기억하죠! 당신 이름은 대니잖아요. 세상 모든 사람이 당신을 안다구요. 나는 내가 가는 모든 나라에서 당신에 대한 얘기를 했어요."

그는 차에서 나오더니 길을 가로질러 와서 감격에 겨워 나를 포옹했다.

나는 즉시 그에게 질문했다.

"대니, 지금도 주님과 동행하고 있지요?"

그는 그렇다고 대답하더니 주님께서 자신의 인생에서 행하신 일들을 기쁨으로 말하기 시작했다. 그는 완전히 구원을 받았다는 것이다! 그는 다음날 저녁 내가 메시지를 전하기로 되어 있는 모셀베이교회의 성도라는 것이다.

다음날 밤 나는 그 교회로 갔다. 나는 꽉 찬 회중석에서 대니와 그의 아내가 함께 앉아 있는 것을 보았다. 나는 내가 전 세계를 돌아다니며 나누었던 대니에 대한 간증이 바로 그의 고향 교회에서 여실히 증명되는 것이라 생각했다.

회중석은 웃음바다가 되었다

나는 언제나처럼 재미있게 장면들을 설명하면서 이야기를 전개했다. 이야기가 계속되면서 회중석은 웃음바다가 되었다. 물론 그 누구도 이야기의 주인공이 그들 가운데 앉아 있다고는 전혀 눈치 채지 못했다.

나는 대니와 그의 아내가 한 가지 한 가지 이야기할 때마다 손뼉을 치며 즐거워하는 것을 보았다. 그리고 대니는 이따금 긍정의 의미로 고개를 끄덕이곤 했다. 그의 얼굴에 있는 환한 미소가 내게 힘을 더해 주었다. 그가 어떻게 자신의 인생을 주님께 드렸으며 알코올 중독의 영을 쫓아내었는지 말할 때 회중 가운데 강한 감동이 일어나기 시작했다.

나는 회중석 쪽으로 상채를 숙이며 말했다.

"그가 오늘밤 우리와 함께 앉아 있습니다! 그의 이름은 대니입니다. 그가 바로 오늘 여기 앉아 있습니다."

그 순간 온 회중은 박수를 치며 하나님께 감사를 드리기 시작했는데 그 소리가 끊이지 않았다. 나는 이런 생각을 하지 않을 수 없었다.

'주님, 2년 전 그 시골길에서 당신이 행하신 일을 우리 중 한 사람이 알고 있다는 것이 정말 기쁩니다.'

우리 모두는 바깥 사물을 초자연적인 눈이 아니라 자연적인 눈으로 보려는 경향이 있다. 나는 그 초자연적인 눈을 '예수님의 눈'이라 부른다. 그리고 나는 매일같이 새롭게 그분의 눈으로 볼 수 있기를 기도한다.

예수님이 보시는 것처럼 세상을 보라

하나님의 말씀은 예수님이 사람들, 도시들, 나라들을 어떻게 보셨는지, 어떤 긍휼의 눈으로 보셨는지 말해준다. 누가복음을 보면 예수님이 예루살렘 도성에 다가가 그 도시를 보면서 우셨다고 말한다 눅 19:41. 때로 섬김의 사역을 하다 보면 눈물이 날 정도로 감동적인 일들이 있다.

그 전에 마리아와 마르다가 자신들의 오라비인 나사로가 죽어간다는 소식을 예수님에게 전한 적이 있다. 예수님은 나사로가 죽을 때까지 의도적으로 지체하셨다. 마침내 주님이 도착하자 마리아도 마르다도 말했다.

"주께서 여기 계셨더라면 내 오라버니가 죽지 아니하였겠나이다" 요11:21,32.

예수님은 자신이 아버지로부터 오신 것을 아셨고 무엇을 하실 것인지 아셨다. 이제 나사로를 죽은 자 가운데서 일으키실 것이다. 그러나 예수님은 오셔서 사랑하는 자를 잃은 슬픔을 보시고 그들과 더불어 뜨거운 눈물을 흘리기 시작하셨다. 그것을 보고 유대인들은 말했다. "보라 그를 어떻게 사랑하였는가?" 요 11:36 우리가 예수님의 눈으로 보기 시작하면 우리는 마음이 움직이지 않을 수 없다.

또한 예수님은 사람들을 바라보실 때 그분의 눈은 주변에 있는 사람들의 숨겨진 필요에 특별한 감수성을 가지고 계셨다. 불치의 혈루병으로 고통받는 한 여인이 많은 무리들 가운데 예수님께 다가왔을 때 예수님은 그녀가 옷자락을 만지는 것을 느끼셨고 그녀의 필요를 감지하셨다. 이 사건이 놀라운 것은 당시 예수님 주변에 사람들이 인산인해를 이루고 있었기 때문이다!

예수님이 그 여인을 바라보자 여인은 자신이 들통났다 생각하고 두려워 떨었다. 하지만 예수님은 전혀 다른 마음을 품고 계셨다. 예수님은 말씀하셨다.

"딸아 네 믿음이 너를 구원하였으니 평안히 가라" 눅 8:48.

주님은 예리한 눈으로 보셨으나 격려의 말씀을 주셨던 것이다.

"두려워 말라. 기뻐하라."

긍휼과 민감함만으로는 진정한 종이 될 수 없다. 진실한 사랑이 이 두 가지를 하나로 묶어서 성령의 인도하심 아래 구체적인 섬김의 행위를 하도록 만들어야 한다. 종의 사랑은 행동하는 사랑이다. 그 누구도 행동하는 사랑을 거부할 수 없다.

올라가는 것은 내려가는 것이고
내려가는 것은 올라가는 것이다

예수님은 그분의 가르침을 통해 경고하신 적이 있다. 종의 사랑은 다음과 같은 영적 원칙에 기초한다.

"올라가는 것은 내려가는 것이고 내려가는 것은 올라가는 것이다."

그것이 하나님 나라에서 힘과 승진의 원리이다. 이미 알고 있듯이 예수님은 제자들에게 이렇게 말씀하셨다.

"너희 중에는 그렇지 않을지니 너희 중에 누구든지 크고자 하는 자는 너희를 섬기는 자가 되고" 막 10:43.

주님의 삶이야말로 올라가는 길이 내려가는 길이라는 것을 보여주는 산 증거다. 주님은 제자들의 발을 씻기셨고 어부들이 획기적인 수확을 거두도록 도우셨고 수천수만의 사람들을 치유하고 구원하고 가르치셨다. 심지어 초자연적인 기적으로 그들을 먹이기도 하셨다. 주님은 나사로를 죽은 자 가운데서 살리시는 불가능을 가능케 하기도 하셨다. 주님은 부활 이후에 밤새 갈릴리에서 수고한 제자들에게 아침을 차려주기도 하셨다. 주님은 부정한 나병환자들을 치료하시고 창녀들을 용서하시고 손 마른 자를 고쳐주시기 위해 산헤드린의 강력한 권력 앞에 도전하시기도 했다. 목록을 열거하자면 끝이 없다.

하나님께서 캐롤과 나를 불러 그분의 종의 사랑을 예언자적으로 선포하게 하셨지만 이 부분이야말로 가장 도전적인 부분이 아닐 수 없었다.

어느 겨울날 아침 나는 아이슬란드 출신의 젊은이 하나와 함께 남아프리카의 나탈이라는 아름다운 사탕수수밭 사이를 걸어가고 있었다. 그때 우리는 멀리서 구부정하게 생긴 무엇인가를 발견했다. 자세히 보니 한 늙은 농부가 긴 지팡이에 두 손을 얹고서 비틀거리며 길을 걸어가고 있었다.

그날 아침 나는 십자가와 대야는 갖고 있었지만 조금 문제가 있어서 어쩌다가 처음으로 수건을 갖고 나오지 않았다. 우리는 길을 건너가 발을 질질 끌며 가고 있는 노인에게 다가가 말을 건넸다. 놀랍게도 가까이 가 보니 그는 노인이 아니었다. 이 줄루족 사람은 기껏해야 30대 후반이거나 40대 초반이었다. 그의 발을 보는 순간 왜 그가 나이 들어 보였는지 알게 되었다.

내가 본 그의 발은 지금껏 본 중에 가장 비참하게 일그러지고 피가 흐르는 나병환자의 발이었다. 우리는 영어와 줄루족 말을 섞어가며 어디로 가냐고 물었다. 그러나 그는 줄루족 말로 머치슨에 간다고 말했다.

걸음마다 고통이었다

머치슨에는 선교 병원이 하나 있었는데 우리가 서 있는 지점에서 거의 12마일 떨어져 있었다. 게다가 노면 상태도 너무나 열악했다. 그 사내가 병든 발로 피를 흘리며 내딛는 걸음걸음마다가 상상할 수 없는 고통임에 틀림없었다. 그는 택시를 부를 돈이 없기 때문에 걸어가야 한다고 말했다.

보통 나는 도보 여행을 하면서 돈을 가지고 다니지 않는다.

하지만 그때 주머니에 손을 넣어보니 놀랍게도 정확하게 그 남자가 택시를 탈 만큼의 돈이 있었다. 나는 그에게 돈을 건네주고서 계속 길을 걸어갔다. 결국 이런 생각이 들었다.

'내게 수건이 없기 때문에 그에게 더 이상 사역할 수 없구나.'

우리는 작별 인사를 하고 헤어졌다. 그러나 열 발자국도 채 가지 못하여 내 안에서 세미한 음성이 들렸다.

"네가 나를 슬프게 하는구나. 너는 그의 발을 닦아주지 않았다. 너는 그에게 나의 종된 사랑을 보여주지도 않았다."

나는 즉시로 발길을 돌려 땅에 십자가를 내려놓았다. 물탱크의 뚜껑을 열어서 대야에 물을 담고 조그만 간이 의자에 그가 앉을 수 있도록 도와주었다. 아직도 기억난다. 당시 뼛속까지 스며드는 겨울바람이 팔과 목에 불어오고 있었다.

나는 동행하던 아이슬란드 친구가 바라보는 동안 말했다.

"우리가 뭘 하려는 것인지 설명할 수 있을는지 모르겠네. 다만 성령께서 그에게 알려주시리라 신뢰해야 할 거 같아."

그리고는 그 상하고 피범벅이 된 발을 들어서 조심스럽게 대야 안에 담았다. 나병으로 망가진 그 남자의 발을 씻고 닦는 동안 내 눈에서 뜨거운 눈물이 솟구쳤다. 나는 주님께 간구했다.

"주님, 이 사람이 주님의 위로하심과 섬김의 사랑을 깨달을 수 있게 해 주세요."

"네 웃옷을 벗어 그의 발을 닦아라."

발을 다 닦은 후에 나는 조용히 그러나 간절히 기도했다.
"주님, 그의 발을 닦을 방법이 없습니다!"
그때 나는 성령이 말씀하시는 음성을 느꼈다.
"네 웃옷을 벗어 그의 발을 닦아라."
나는 내 웃옷을 벗어서 조심스럽게 그의 발에 대었다. 그의 발을 완전히 닦아주었을 즈음에는 상처에서 나온 피와 진액이 옷에 흥건하게 젖어들었다. 하지만 주님이셨다면 이보다 더 한 것도 하셨을 것임을 알았다. 우리는 다시 한 번 작별 인사를 하고 다시 걷기 시작했다. 피에 젖은 웃옷을 손에 쥐고 걸으면서 하루종일 매서운 바람에 맞서야 함을 절실히 느꼈다. 그날 밤 나는 성령이 말씀하시는 것을 느꼈다.

"이를 네게 알게 한 이는 혈육이 아니요 하늘에 계신 내 아버지시니라 너희가 여기 내 형제 중에 지극히 작은 자 하나에게 한 것이 곧 내게 한 것이니라" 마 16:17 ; 25:40.

그때는 하나님의 음성을 잘 들었지만 때로는 주님의 세미한 음성에 둔감하여 놓치는 경우들도 있었다. 캐롤과 나는 해변 도시인 포트 엘리자베스의 아름다운 지역에 살고 있다. 우리 집에서 내다보면 주변 20마일의 해변이 다 보인다. 우리 집은 해변에서 불과 60미터 밖에 되지 않는다. 해변으로 가는 길 중간에 양방향의 도로를 구분해 주는 긴 구역의 풀밭이 있다. 그 길은 교통신호를 두고 해변 앞길과 교차하는 길이다.

얼마 전에 한 젊은 노숙자가 교통신호가 있는 지점의 풀밭 구역에서 살기 시작했다. 처음에는 상당히 말쑥해 보였다. 그러나 시간이 지나면서 그의 외모는 눈에 띄게 나빠졌고 수염도 덥수룩하고 머리도 엉망이었다.

"그가 돌아오게 해 주세요."

하루는 그 지점에서 이 친구를 지나는데 주님이 말씀하셨다.
"오늘 밤 캐롤이 저녁식사를 차려주면 그 음식을 이 친구에게 갖다 주어라."

그러나 그날 밤 그 지점에 갔을 때 그 친구는 사라져 버렸고 다시는 그를 만날 수 없었다. 나는 하나님께 말했다.
"저를 도와주세요. 그가 돌아오게 해 주세요."

슬프게도 몇 주 후에 알게 된 사실은 누군가가 바로 그 길 한가운데 있는 그 풀밭 구역 위에서 이 젊은이에게 총을 쏴 죽였다는 것이다. 그 이후로도 수없이 나는 하나님께 도와달라고 요청한다. 왜냐하면 때로 나는 하나님의 기회를 놓쳐 버리기 때문이다.

당신은 매일 직장에 나갈 때 누구의 눈을 사용하는가? 사무실이나 공장에 들어서면서 20년 동안 늘 거기 있었던 '김 부장'이나 15년 동안 늘 거기 있었던 '이 과장'과 아무 생각 없이 인사하는가? 당신은 그저 "안녕하십니까?" 인사만 하는가 아니면 예수 그리스도의 초자연적인 시력으로 그들을 바라보는가?

하나님께서 당신의 마음을 바꾸어 달라고 계속해서 기도하라. 그러면 하나님께서 당신 마음을 바꿔주실 것이다. 하나님께서 처음 내게 십자가와 대야를 지라고 하셨을 때는 나는 별로 눈물이 없는 사람이었다. 사실 거의 울어본 적이 없었다. 지금은 항상 울지만. 처음 사역을 시작했던 초기 14개월 동안 하나님은 매일 내게 말씀하셨고 내 마음에 뭔가 새로운 일을 행하고 계셨다. 심지어 저녁 뉴스를 보면서도 눈물이 줄줄 흘러내렸다! 차를 몰고 가면서도 눈물을 흘렸다. 하도 그러니까 캐롤이 늘상 말했다.

"음, 또 시작이군요."

예수님이 나의 마음을 깨뜨리시고 나를 변화시키셔서 내가 주님의 눈으로 바라보고 주님의 종의 마음으로 섬길 수 있게 하셨다. 주님이 동일한 일을 행하시도록 당신 자신을 내어 드리라. 당신이 주님의 보좌 앞에 나아가 친밀함 가운데 그분을 만나면 당신의 믿음은 변화되어 섬김의 자리에 나아가게 된다. 바로 그 자리가 주님의 섬김의 사랑을 지니도록 당신을 변화시키고 준비시키는 자리이다. 친밀함의 원천 안에 거하면 주께서 당신에게 종의 눈을 허락하여 주신다.

08

눈으로 경청하고 귀로 주시하라

하나님의 초자연적인 계획을 감지하라

❦ 토 미 가 말 하 다 ❦

당신의 차가 베를린 장벽 붕괴 이후에 제조된 차량이라면 자동적으로 이런 예상을 할 것이다. 엔진을 조정할 필요가 생기면 정비사가 당신의 차를 기계적으로 분석하고 문제점을 발견하기 위해 일련의 기계 장치에 연결할 것이다.

그러나 전문적인 경주용 자동차 도로의 피트 구역_{경주용 자동차의 급유 및 타이어 교환이 이뤄지는 구역}에서는 전혀 다른 방식이 사용된다. 물론 거기에도 엔진 조정을 위한 일련의 장비들이 있지만 고객 맞춤형으로 만든 최첨단의 엔진설비를 그런 기계에 연결하는 일은 거의 없다. 이 엔진설비들이야말로 국제 장거리 자동차 경주의 힘의 원천이며 경주용 자동차들을 꿈틀대게 만드는 그것이다. 숙련된 정비사들은 그런 차를 만질 때는 엔진 안에서 어떤 내부적인 작동이 있는지 '보기' 위해 그들의 귀를 사용한다. 또한 엔진이 다양한 속도로 가동될 때 엔진 작동과 리듬과 타이밍을 '보면서' 듣는다.

숙련된 피트 정비사라면 경주용 자동차가 쌩하니 지나가는 소리만 듣고도 자동차 앞덮개 밑에 정확하게 어느 메이커에 몇 기통 엔진이 달려있다는 것을 알아낼 수 있다. 경주용 도로를 등지고 있어도 알 수 있다. 결국 눈으로 경청하고 귀로 주시하는 것이다.

우리는 모두 세상에 태어날 때 똑같은 기본 장비를 가지고 태어난다. 그러나 서로를 구분해 주는 것은 우리에게 주어진 것을 우리가 어떻게 사용하는가이다. 하나님의 종으로 오신 예수 그리스도를 한 번 만나기만 하면 우리의 인생은 변화되어 그때부터 인생의 장비들을 전혀 다른 방식으로 사용하게 된다. 우리가 먼저 버려야 할 것은 선입견과 여론에 기초해서 사람들을 판단하는 것이다. 하나님은 우리가 눈으로 경청하고 귀로 보기를 원하신다.

키로 인해 심각한 콤플렉스를 느끼던 그 사회의 왕따, 그의 집에 손님이 필요했다

그러고 보니 한 대형 세무서의 고위 직원 한 사람이 생각난다. 그는 그 도시에서 악명높은 불한당이었고 가장 돈이 많은 부자였다. 그는 항상 최고가 옷을 입고 다녔다. 하지만 그런 옷을 입어도 자신의 키가 작다는 콤플렉스는 가려지지 않았으며 그가 세상 사람들에게 완전히 따돌림을 당한다는 사실도 부인할 수 없었다. 그는 그 지역에서 가장 멋진 저택을 가지고 있었지만 아무도 그 집에 방문하기를 원치 않았다.

한 유명한 설교가가 그 도시에 왔을 때 많은 사람들이 그를 보러 나왔다. 엄청난 기대감으로 인해 거리는 삽시간에 인산인해를 이루었다. 그러는 동안 이 부유하고 키가 작은 세리는 자신도 어떻게든 이 사람을 보아야 겠다고 결심했다. 그는 엄청난 인파 사이에 들어갈 엄두가 나지 않았다. 적어도 두 가지 이유 때문이었다. 첫째, 그는 키가 작았다. 정치적으로 편견이 없는 용어로 말하자면 '키 때문에 도전을 받는' 사람이었다. 둘째, 모든 이들이 증오하는 세관원이었다.

그의 대안은 이상하지만 성공적이었다. 그는 거리의 인파가 흘러가는 지점을 예측하고 길가에 크게 드리워져 있는 뽕나무에 올라갔다. 당연히 사람들은 좁은 거리를 메우며 지나

가느라 그 밑으로 통과해야 했다. 그리고 마침내 설교자가 보였다.

'저 분을 만날 수만 있다면 어떤 대가도 치르겠다.' 그는 설교자가 가까이 오는 동안 속으로 생각했다. '첫 번째는 우리 집에 초대해야지… 그런데 그는 오고 싶어 하지 않겠지?'

그때 그 전도자가 무슨 이유에서인지 그 세관원을 쳐다보며 그가 매달려 있는 지점 아래로 걸어오는 것이었다. 그리고는 놀랄 만한 말을 하고야 말았다.

"삭개오야 속히 내려오라 내가 오늘 네 집에 유하여야 하겠다" 눅 19:5.

사람들이 흩어지자 세리는 예수님께 나아갔다

환호성은 멈춰버렸다. 삭개오는 놀라서 거의 나무에서 떨어질 지경이었다. 그는 재빨리 나무에서 기어 내려왔다. 사람들이 놀라서 흩어지자 그 세관원은 거리 한가운데 계신 예수님께 나아갈 수 있었다. 사람들의 반응은 즉각적이었다.

"저가 죄인의 집에 유하러 들어갔도다" 눅 19:7.

사람들은 이렇게 거룩한 분이 그렇게 낮아진다는 것을 믿을 수 없었다. 그렇게 의로운 사람이 그렇게 낮고 천한 사람과 어울린다는 것은 율법에 금하는 것이기 때문이었다!

삭개오는 예수님의 말씀에 즉각 반응했다.

> "주여 보시옵소서 내 소유의 절반을 가난한 자들에게 주겠사오며 만일 누구의 것을 속여 빼앗은 일이 있으면 네 갑절이나 갚겠나이다" 눅 19:8.

주님은 그저 그의 집에서 식사를 하고 싶다고 하셨을 뿐인데도 이 남자는 모든 대적하는 사람들 앞에서 자기 소유의 절반을 나눠주고 합법적인 기준 이상으로 거둬들인 세금에 대해서는 모두 되갚아주겠다는 약속을 했다.

예수님이 나무에 달린 삭개오를 보셨을 때 주님은 하나님을 향해 굶주린 마음, 뻥 뚫린 마음을 가진 한 사람을 보셨던 것이다. 그러나 그 외 모든 사람들은 그를 볼 때 명예와 권력과 인정을 받을 수 있는 일이라면 어떤 일도 할 수 있는 탐욕에 가득 찬 악당으로 보았다.

사람들은 삭개오가 돈을 나눠주고 토색한 것을 갚겠다고 하자 이렇게 생각했을 것이다.

'이제 또 시작이네. 사회적으로 왕따인 저 인간 뭐 좀 얻어 보겠다고 예수님을 감동시키려는 거야.'

그러나 예수님은 진실한 회개의 열매를 아시기에 말씀하셨다.

"오늘 구원이 이 집에 이르렀으니 이 사람도 아브라함의 자손임이로다 인자가 온 것은 잃어버린 자를 찾아 구원하려 함이니라" 눅 19:9-10.

삭개오는 간절히 하나님을 원했다

삭개오는 다른 사람의 돈을 갈취해서 부자가 되었기에 사람들에게 소외당하는 사람이다. 이것이 사회의 지배적인 여론이었다. 그러나 예수님은 그에게서 하늘에서 소외된 사람을 발견하셨다. 그는 간절히 하나님을 만나고 싶어했다. 하나님을 만나려면 지상의 모든 것을 희생해야 함에도 불구하고 말이다.

그 날 여리고에서 일어난 일을 「하나님의 드림팀」이라는 책에서 이렇게 기록했다.

> 요리 비법을 개발해 낼 때는 종종 촉매 역할을 하는 요소가 한 가지 있기 마련이다. 촉매는 다른 요소들과 결합했을 때 중요한

변화를 일으키거나 가져오는 그 무엇이다. 만약 그 특정한 촉매 요소가 요리법에서 빠지면 케이크 전체를 망치게 된다. 내 누이가 처음으로 요리를 배우기 시작했을 때 베이킹소다와 베이킹파우더를 구분하지 못했던 것을 기억한다. 요리 문외한들에게는 단어 의미만으로는 이해하기 어려운 말들이다. 하나는 케이크를 구울 때 케이크가 부풀어 오르면서 그윽한 향기가 집안을 가득 채우지만, 다른 하나는 냄새는 좋은데 전혀 케이크 모양도 안 나오고 케이크 맛도 안 나는 것이다. 단 하나의 요소가 성공과 실패, 승리와 패배를 좌우할 수 있다.

예수님은 그분의 눈으로 경청하고 그분의 귀로 보시는 분이었다. 그러기에 눈에 보이는 것 너머로 삭개오의 마음에 갈급함이 있다는 것을 정확하게 아셨다. 주님이 스스로 식사하러 가시겠다고 했을 때 그 말이 삭개오에게는 희망과 구원과 믿음을 주는 촉매제가 되었다. 그는 이전까지 사회에서 외면당하는 악명높은 불한당이었기 때문이다.

예수님은 여리고에서 삭개오에게 보여주셨던 동일한 기름부음과 책임을 당신과 내게도 주셨다. 이제는 우리가 하나님의 진정한 종으로서 새롭게 듣고 새롭게 보아야 할 때다.

※ 데이빗이 말하다 ※

진정한 종은 분명하게 보이지 않는 것들을 감지해낸다

토미가 삭개오 이야기를 설명하면서 중요한 점을 지적했다. 눈에 띄지 않고 보이지 않는 것이 때로는 분명하게 보이는 것보다 중요하다. 문제는 그 눈에 띄지 않고 보이지 않는 것을 감지해 내려면 다른 각도에서 보아야 한다는 것이다. 그것은 성령께서 우리를 인도하셔서 전혀 새로운 방법으로 우리의 오감을 사용하는 것이다. 진정한 종의 마음이 갖는 또 다른 차원은 분명하게 보이지 않는 것들을 감지해 내는 능력이다.

분별은 하나님께서 그분의 자녀들에게 주신 가장 귀한 선물들 중 하나이다. 성경은 말한다.

"너희는 거룩하신 자에게서 기름 부음을 받고 모든 것을 아느니라" 요일 2:20.

분별이야말로 지난 세월 동안 교회에서 지도자들을 대할 때나 거리에서 사람들을 대할 때 가장 필수적인 '길동무'였다. 처음으로 길에서 사역하면서 내가 배운 것은 마을이나 도시에 들어갈 때 분별이 매우 중요하다는 사실이었다.

어느 무더운 계절 나는 두 명의 동료와 더불어 긴 사역의 여정에 오른 적이 있었다. 우리는 빅토리아 폭포에서 아프리카 잠비아에 있는 루사카까지 갈 목적이었다. 도중에 어느 작은 마을에 도착했는데 그때 막 어두워지기 시작했다. 마을 주민들은 햇빛이 완전히 사라지기 전 불을 지피기 위해서 나무와 물을 모으느라 분주해 있었다.

마을 어귀에 들어서면서 처음 감지한 것은 그곳에 종교의 영이 강하게 자리잡고 있다는 것이었다. 정말 이상하다 싶은 것은 그 마을에 큰 종교 사원이나 숭배물이나 강한 주술적 상징물들이 있는 것도 아니었기 때문이다. 그럼에도 불구하고 나는 그런 인상을 지울 수가 없었다. 그 마을에 어떤 종류의 종교의 영이 자리잡고 있는지는 모르지만 어쨌거나 진정한 기독교와는 거리가 먼 것임을 감지하고 있었다.

우리의 첫 번째 과제는 잠잘 만한 곳을 찾는 것이었다. 마을 안에는 경찰서가 하나 있었다. 잠비아의 대부분 작은 마을에는 '경찰봉'이 걸려 있는 집이 바로 경찰서다. 그러나 이런 경찰서는 별의별 추태가 벌어지는 술집들보다 나을 것이 하나도 없다. 이런 곳에서 유숙한다는 것은 어리석은 일이었다. 우리는 즉시 그 마을에서는 밤을 보낼 수 없다는 걸 알았다. 그럼에도 불구하고 피곤하고 긴 하루를 보내고 나서 또 걸어야 한다는 것은 참으로 힘든 일이었다.

바로 그때 감사하게도 집이 하나 딸린 작은 교회당이 보였다. 건물 주변에 높은 담장이 세워져 있었지만 정문에 걸린 현판을 보니 교회 건물이 맞았다. 나는 건물에 다가가 문을 두드렸다. 그러자 백인 두 사람이 나왔고 나는 내가 누구인지, 그리고 내가 어떤 사역을 하는지 설명했다. 나는 그들에게 우리의 목적은 그 지역에 하나님의 나라를 세우는 것을 돕는 것이라고 말했다. 그리고는 건물 지하에서 잠을 잘 수 있도록 허락해 주시면 전혀 방해되는 일하지 않고 조용히 자고 가겠다고 했다.

"당신들이 있을 수 있는 방은 없어요"

한 15초 정도 정적이 흐르더니 그들은 말했다.
"아니요. 당신은 모르는 사람이잖아요. 당신들이 있을 수 있는 방은 여기 없어요."
나는 그 말을 믿을 수 없었다. 나는 동료들에게 돌아오면서 눈물이 글썽였다. 우리는 조용히 마을을 떠났고 숲에서 밤을 지냈다.
나는 예수님의 말씀을 기억하지 않을 수 없었다.

"아버지여 내게 주신 아버지의 이름으로 그들을 보전하사 우리와 같이 그들도 하나가 되게 하옵소서" 요 17:11.

안타깝게도 내가 처음 감지한 것이 맞는 것이었다. 그 마을은 하나님의 나라에 대한 소망보다 종교의 영으로 각인된 마을이었다.

참 이상하게도 그 다음날 밤 다른 마을에서는 정반대의 대접을 받았다. 이번 마을은 전혀 다른 성격과 영적 배경을 갖고 있었다. 이전 마을과 비슷한 크기였는데 여기서는 한 사람이 작은 마을 안에 있는 모든 것을 좌지우지하는 분위기였다.

우리는 곧 '그리스인 조니'라는 사람을 만나게 되었다. 그는 알코올 판매점, 도살장, 주유소, 그리고 잡화점을 모두 소유하고 있는 사람이었다. 명백한 것은 조니가 신자는 아니라는 점이었다. 하지만 나는 그에게 우리가 무슨 일을 하는지 설명했고 그날 밤 잘 수 있는 안전한 곳이 있냐고 물어봤다.

"적당한 곳이 있소"

"물론이죠. 하나님의 말씀을 전하신다. 적당한 곳이 있소."
그를 따라가 보니 그 마을의 폐품 처리장이 나왔다. 물론 그것도 그의 소유지였다. 그리스인 조니는 두 개의 큰 철문을 열었다. 철문은 높이가 3미터나 되었고 그 위에는 콘크리트를 발라 깨진 유리들을 수없이 박아둔 것이었다.

그는 웃으며 우리에게 들어가라고 했고 다음날 아침 오겠다고 했다. 그리고는 문을 잠그고 사라져 버렸다. 그날 저녁 나는 폐차 지붕에 앉아서 혼자 속으로 생각했다.

'야 데이빗 케이프, 한때 잘나가던 네가 마침내 폐품 처리장에서 폐차 가운데 사역하는구나.'

그러나 나를 슬프게 만든 현실은 이것이었다. 그 전날 밤 우리가 만난 '크리스천들'은 우리를 거부했지만 이 구원받지 못한 남자는 우리를 영접(?)했다는 것이다, 비록 폐품 처리장이지만. 나는 요한이 쓴 세 번째 서신의 어느 구절이 떠올랐다.

"사랑하는 자여 네가 무엇이든지 형제 곧 나그네 된 자들에게 행하는 것은 신실한 일이니 그들이 교회 앞에서 너의 사랑을 증언하였느니라 네가 하나님께 합당하게 그들을 전송하면 좋으리로다" 요삼 1:5-6.

우리가 하나님의 나라를 위해 어디서 어떻게 사역을 하든 분별은 언제나 든든한 아군이며 보호자 역할을 한다. 분별의 친한 친구로는 지혜가 있다. 지혜는 분별과 함께 하며 분별에 왕관을 씌워주는 역할을 한다. 분별과 지혜는 나눔과 상담의 영역에서도 필수적이다. 나눔과 상담이라는 두 가지 사역은 거의 모든 크리스천에게 어느 정도 해당 사항이 있는 영역들이다.

내 아내 캐롤은 나누기를 좋아하고 관대한 성격이다. 최근 그녀는 우리가 하나님보다 더 나눌 수는 없다는 사실을 깨달았다. 하지만 그녀는 긍휼히 여기는 마음 하나로 다른 사람의 재정적인 필요를 도와주었을 때 어떻게 되는지를 경험하면서 귀한 교훈을 배웠다. 왜냐하면 어떤 경우에는 스스로 재정적인 위기를 자초하는 사람들이 성경적인 청지기의 삶을 제대로 배우지 못했기 때문이라는 것을 알게 되었기 때문이다.

가난한 청지기들의 밑 빠진 독

다른 크리스천들이 가난하고 분별없고 게으른 청지기들의 밑 빠진 독을 아무것도 모르고 관대하게 계속 채워주면 그들은 자신들의 삶에서 하나님의 목적을 외면해 버리고 만다. 물론 하나님은 우리가 하나님의 나라를 세우는 일에 기꺼이 나누기를 원하신다. 그러나 하나님은 그분의 재정을 밑 빠진 독에 부어버리는 성급한 결정을 기뻐하지는 않으신다. 다시 말해서 섬길 때에도 눈에 보이는 것 너머를 볼 필요가 있다.

어떤 사람들은 그들의 인생에 아무런 문제가 없고 별다른 필요도 없는 것처럼 보인다. 하지만 이내 그들의 삶이 안으로 함몰되어 있음을 알게 된다. 진실은 사람들이 말하는 내용보다 말하지 않는 내용에 더 많이 담겨 있는 법이다.

몇 년 전 캐롤과 나는 부부 상담 학교를 연 적이 있다. 첫째 날 저녁 그 수업에 참석하러 한 예쁜 부부가 우리 집에 찾아왔다. 그 젊은 자매는 자랑스럽게 말하기를 자기와 남편은 '훌륭한 결혼생활'을 하고 있기 때문에 사실 그런 학교가 필요하지는 않다고 했다. 그러나 우리가 그 학교를 마칠 즈음 그들의 부부관계는 일련의 특별한 상황들에 처하면서 분열되기 시작했고 마침내 두 달이 못 되어 이혼을 하게 되었다. 우리는 이 젊은 자매가 말해오던 것보다 말하지 않던 것들에 경청했어야 했다.

선지자 이사야는 예수님에 대해서 이렇게 예언했다.

"그의 눈에 보이는 대로 심판하지 아니하며 그의 귀에 들리는 대로 판단하지 아니하며" 사 11:3.

하나님의 뜻을 이루기 위해 믿음으로 전진하는 사람이라면 누구든지 하나님의 음성을 듣는 법과 하나님을 신뢰하는 법을 개인적으로 배워야 한다. 사람에게 지혜로운 조언을 구하는 것도 좋지만 결국에 결정은 당신과 하나님 사이에서 내리는 것이기 때문이다.

주님은 우리에게 믿음으로 살라고 도전하셨다

수년 전 캐롤과 나는 목회 사역을 떠나 십자가와 대야를 들기 시작하면서 주님께서 우리에게 믿음으로 살라고 도전하시는 것을 느꼈다. 우리가 섬기던 교회는 우리를 축복하며 보내 주었고 계속해서 우리에게 사역비를 보내겠다고 말했다. 하지만 캐롤과 나는 교회의 재정이 그다지 넉넉하지 않다는 것을 알고 있었다.

동시에 캐롤과 나는 각자 말씀을 통해 주님의 계시를 받았다. 그 말씀은 "의인은 믿음으로 말미암아 살리라"갈 3:11는 말씀이었다. 우리 부부 모두 이 말씀은 우리 삶의 모든 영역에 적용되는 것임을 알았다. 그 당시 가정의 재정이 아주 빠듯할 때였다. 게다가 지금처럼 우리의 사역이 사람들에게 알려진 것도 아니었다.

우리가 성공적인 사역을 하고 있는 두 지도자에게 조언을 구했을 때 그들은 각기 다른 조언을 해 주었다. 한 사람은 이렇게 말했다.

"언제나 당신의 필요를 가장 먼저 드러내고 가능한 한 많이 알리십시오. 그럼으로 인해 사람들이 당신의 필요를 위해 기도하게 되고 당신의 삶에 씨를 뿌리라는 주님의 음성에 순종하게 됩니다."

그러나 두 번째 사람은 이렇게 말했다.

"누구에게도 어떠한 필요에 대해서도 말하지 마십시오. 빵과 물만 먹을지언정 말하지 마십시오. 누군가가 물어보아도 잘 지낸다고 말하십시오."

결국 우리는 단순하게 하나님을 신뢰하기로 결정했다. 하나님은 우리가 말로 다 하지 않아도 분별력 있는 크리스천들에게 말씀하시거나 필요하다면 어떠한 방법으로도 우리의 필요를 채우시리라는 것을 믿는 것이었다. 그로부터 10년이 넘었지만 캐롤과 나는 분명히 말할 수 있다. 하나님은 그분의 말씀에서 선포하신 그대로 "영광 가운데 그 풍성한 대로" 우리의 모든 필요를 채워주셨다 빌 4:19.

우리가 보지 못하는 중요한 것들

당신은 누군가 팔기 위해 단장해 놓은 집을 본 적이 있는가? 보다 정확히 말해 누군가 실제보다 더 멋지게 보이게 하려고 잘 포장해 놓은 집을 본 적이 있는가? 집주인은 잠재 고객이 그 밑에 뭐가 있냐는 질문을 하지 않았으면 한다.

분명 집주인은 모든 곰팡이와 망가진 벽면을 제거하고 새로 벽면을 처리해서 원래 문제가 없던 것처럼 만들 것이다. 벽면과 기초석에 늘어나는 균열들에 접합제를 붓고 그 위에 페인트칠을 했을 것이다. 문제가 많은 하수구에는 엄청난 양의 하수구 뚫는 세제를 부었을 것이고 빗물이 새는 파이프는 급하게 포장을 하거나 막아두었을 것이다. 잠재 고객이 방문하는 동안만 문제가 없도록 말이다.

물론 주인이 정원을 다듬고 잔디를 깎고 기름지게 하고 또 꽃들이 만개하도록 만들고 그런 것들은 기대할 수 있다. 하지만 모든 것이 사람의 눈에 좋아 보일지라도 일단 새로운 세입자가 집에 들어가서 사진이라도 한 장 걸려고 하다 보면 문제점들을 발견하는 것이다. 벽면의 큰 석회 반죽이 떨어져 나가면서 벽면이 뻥 뚫린 것을 발견하기도 하고 카펫 밑에 나무가 썩어 있고 그렇게 유감스러운 이야기들이 계속될 것이다.

때로 우리는 다른 사람을 섬기기 시작하고 나서야 그들의 인생에 있는 것들을 발견하게 된다. 그리고는 그로 인해서 필연적으로 겉모습을 통해, 그리고 겉모습 너머로 보는 법을 배우게 된다. 예수님은 제자 도마에게 말씀하시면서 육안으로 보이는 것 너머까지 믿음이 이르는 사람들을 칭찬하셨다.

"너는 나를 본 고로 믿느냐 보지 못하고 믿는 자들은 복되도다" 요 20:29.

토미도 나도 각자 주님 사역을 하면서 세계의 많은 교회들을 방문할 수 있었다. 보통은 교회당에 들어서면서부터 얼마 되지 않아 정확히 어떤 일이 진행되고 있는지 알게 되는 경우가 많다. 첫 인상은 모든 것이 훌륭하고 잘 돌아가고 있는 것처럼 보일 수 있다. 하지만 이내 심각한 문제들을 발견하게 된다.

심장이 나쁘면 몸이 위험해진다

건강한 교회는 건강한 인체와 같다. 교회의 심장이 하나님의 생명으로 가득하면 온몸의 건강과 외모에 영향을 준다. 그러나 심장이 나쁘면 나머지 몸의 모든 부분이 위험해진다. 보이는 부분과 보이지 않는 부분 모두 다 위험해진다.

우리는 탁월함에 대한 얘기를 하는 것이 아니다. 물론 예수님은 정말 탁월한 구세주이시다. 그러나 탁월함과 완벽함에는 차이가 있다. 완벽함은 율법을 말하지만 탁월함은 은혜를 말한다.

몇 년 전 이스라엘에 있을 때 양무리를 데리고 있는 베두인

사막지대에서 유목생활을 하는 아랍인 목자를 만난 적이 있다. 나는 그가 양을 치는 독특한 방식을 보고 놀랐다. 서구에서는 목자들이 양무리 뒤에서 걸어가며 휘파람으로 목양견들을 움직여 양들을 이끌고 간다.

그러나 이 베두인 목자는 수천 년 전 성서에 기록된 그대로의 방법을 사용하고 있었다. 중동의 목자는 양무리 앞에서 걸으며 양들은 그가 부르면 따라오는 것이었다. 예수님이 중동의 제자들에게 이렇게 말씀하신 것이다.

"내 양은 내 음성을 들으며 나는 그들을 알며 그들은 나를 따르느니라" 요 10:27.

균열 난 곳을 땜질하여 잘 보이려는 교회들

많은 멋진 교회들이 성도들을 잃는 데에는 이유가 있다. 목회자들이 본을 보이고 공포보다 사랑으로 양육하는 히브리 목자들의 모델을 따라야 하는데 그보다는 양들을 뒤에서 몰아가려고 하기 때문이다. 어떤 교회들은 균열 난 곳과 어둡고 곰팡이 난 구석들을 땜질하여 겉만 멋지게 보이려고 한다. 그러나 표면의 얇은 포장지를 벗겨내기 시작하면 지쳐있는 성도들과 과도하게 내몰려 넘어진 성도들을 발견하게 된다. 정말 중요한 것은 보이는 것이 아니라 보이지 않는 것이다.

지역 교회의 어떤 성도들은 별다른 문제가 없어 보일 수 있다. 그들은 은혜와 탁월함 모두를 가지고 성도들과 새로 온 사람들을 환대하며 섬긴다. 그 자녀들은 항상 올바르게 언행을 하고 항상 필요할 때면 격려의 말과 전화를 한다.

우리는 그렇게 나눔의 마음을 가진 훌륭한 부부를 알고 있다. 그들의 관대함과 친절함은 당신이 보통 상상할 수 있는 정도가 아니다. 그들은 상처 입은 사람들을 신실하게 위로하고 나그네들도 환대해 준다. 그들은 자기 집에서 동료들과 신실한 성도들을 식사에 초대하여 귀한 음식을 대접하고 주 안에서 은혜의 교제도 나눈다.

그러나 이 부부가 캐롤과 내게 고백한 것이 있다. 놀랍게도 그들 교회에서 그 누구도 자신들을 가정에 초대해 준 사람이 없다는 것이다. 물론 그런 것을 기대한 것은 아니지만 아무도 그들에게 손을 내밀지 않는 이유가 무엇인지 그들은 의아해했다.

물론 어떤 사람들은 자신들이 이 멋진 부부와는 어울리지 않는다고 생각할 수도 있다. 아니면 반대로 이 부부는 부족한 것이 없기 때문에 어디에도 초대할 필요가 없다고 느꼈는지 모른다.

표면적으로 보면 아무런 필요가 없는 부부처럼 보인다. 그러나 그들의 마음에는 주위 사람들과 자연스러운 방법으로 자연스러운 우정을 맺고 싶은 소망이 있다. 다시 말해, 보이는 것보다 보이지 않는 것이 더 큰 법이다. 깨어 있어서 성령의 인도하심에 민감하게 반응하라. 눈으로 경청하고 귀로 들으라.

상처와 아픔은 쉽게 발견되지 않는다

때로 우리가 섬기는 사람들의 건강은 우리가 그들의 필요와 상처와 아픔을 정확하게 감지하는 데에 달려 있다. 사실 그들의 필요와 상처와 아픔은 우리의 눈과 귀를 그냥 사용해서는 감지할 수가 없다. 크리스천들은 너무나 자주 어떤 상황에 처했을 때 초자연적인 쪽보다 자연적인 쪽으로 즉각 접근하다가 낭패를 보는 경우가 있다. 우리는 보이는 대로 들리는 대로 단순하게 결정하고 행동하면 안 된다.

언젠가 캐롤과 나는 친한 친구의 요청으로 어떤 여성의 집에 방문한 적이 있었다. 우아하게 차려 입은 한 여성이 문가에서 우리를 맞아주었다. 분명 그녀는 아주 세련되어 보였다. 집에 들어가자 음향 기기에서 찬양이 흘러나오는 소리가 들렸다. 그녀는 남아프리카의 전통대로 우리에게 차와 케이크를 대접했다. 찻잔도 근사했다. 그녀가 하는 모든 것이 근사했다.

나는 생각했다. '와 멋있다!' 그때 성령께서 내게 경고의 말씀을 하셨다.

"여기 뭔가가 잘못되어 있다."

그때 나는 느꼈다. 모든 것이 너무나 완벽해 보인다는 것이었다.

"실례지만 자매님 남편 분은요?"

"아 남편이요? 그 이는 요단강에서 세례를 받았어요."

나는 생각했다. '오 저런! 내가 실수했나? 아닌가?'

우리는 계속 차를 마셨고 찬양 소리가 집안을 가득 채우고 있었다. 잠시 후 나는 그 우아한 자매에게 다시금 물었다.

"그런데요 자매님, 남편 분이 지금은요?"

그러자 이번에는 눈물이 그녀의 뺨을 타고 흘러내렸다.

"우리는 오랫동안 헤어져 있었어요. 이제 막 재결합을 했지요."

나는 조용히 말했습니다.

"그런데 쉽지 않지요? 그렇지요?"

그녀는 고개를 끄덕였고 내 말이 맞다고 시인했다. 우리는 그날 그녀의 깊은 내면을 보았다.

캐롤과 나는 그곳에 들어가서 이렇게 말했을 수도 있다. "와! 이 자매는 놀라운 신앙의 소유자야!" 그랬다면 우리는 그곳에서 어떤 일이 일어나는지 완전히 놓쳤을 것이다. 그러나 우리는 우리의 눈에 보이는 것만 보거나 우리의 귀에 들리는 것만으로 판단하지 않기로 결정했다.

자연적인 것을 너머 초자연적인 것을 보라

우리는 인생의 자연적이고 일상적인 방식과 모습들에 빠져서 하나님이 주시는 초자연적인 기회와 선물들을 보지 못할 때가 있다. 이런 장애물들을 넘어서려면 자연적인 것을 너머 초자연적인 것을 보는 분별력이 필요하다. 이런 분별력을 가진 사람들이 역사의 물줄기를 바꿀 수 있다.

당신도 나도 그저 몸만 움직이며 사는 것이 아니다. 우리가 살아가는 하루하루는 자연적인 것을 너머, 그리고 자연적인 것을 통해 우리의 삶을 향한 하나님의 초자연적인 계획을 감지하도록 예정된 시간이기 때문이다.

09
사람의 실망을 하나님의 소망으로 변화시켜라

하나님의 목표와 임재에 접착제처럼 붙어있으라

❀ 토 미 가 말 하 다 ❀

위대한 하나님의 사람들은 인간적인 실망을 하나님의 소망으로 변화시킬 줄 아는 능력이 있다. 이들은 이미 수백 년 수천 년 전에 죽은 사람들이지만 오늘날 우리에게 매우 친숙한 이름을 가진 사람들이다.

모세야말로 구원자 역할을 하려던 1차 시도에서는 무참히 실패한 사람이었다. 그의 생각에는 이집트인이 히브리인 노예를 학대하는 것을 보고 그를 죽이는 것이 구원이었다. 자신의 잘못과 죄악으로 인해 그는 양자로 있던 바로의 집에서도 무법자가 되었고 자기 동족 히브리인들에게도 위험인물이 되었다.

외적으로 볼 때 모세는 살인을 저지름으로 자신의 미래를 망쳤다. 결국 시내 광야 한구석에서 40년의 인생을 허비하지 않았는가. 하지만 하나님과의 초자연적인 대면 이후 그의 실망은 하나님의 소망으로 변했다. 모세는 새로운 부르심에 신실하게 반응했고 하나님은 그가 바로의 힘에 대항할 수 있도록 도우셔서 역사의 물줄기를 바꾸도록 만드셨다.

베드로는 그리스도의 신성을 깨달은 첫 번째 제자였고 우리가 예수님을 제외하고 아는 성경 인물 중 유일하게 물 위를 걷는데 성공한 사람이었다. 그러나 그는 예루살렘 대제사장의 집 뜰에서 주님을 공개적으로 그것도 철저하게 배신했다. 그는 주님을 배신한 가룟 유다처럼 통곡하지 않을 수 없었다.

그러나 베드로가 유다와 다른 점은 무엇인가? 사실 둘 다 그리스도를 배신하지 않았는가? 유다는 몰래 배신했고 베드로는 공개적으로 배신한 것뿐이다. 그러나 결국 한 사람은 외딴 나무에 목을 매었고 다른 한 사람은 인산인해의 예루살렘 거리에서 거룩한 날 수천 명의 경건한 유대인들에게 교회 역사상 최초의 설교를 했다.

원수는 베드로의 자만과 실패를 사용해서 그를 '까부르려고' 시도했다. 하지만 베드로는 자신의 실패와 예수님을 향한 배신 너머에 있는 것을 바라보려고 했다. 주님은 그의 실망을 '하나님의 소망'으로 변화시키셨다. 그로 인해 베드로의 삶이 변화되었을 뿐만 아니라 더 나아가 오순절교회가 탄생하게 되었다.

사탄은 예수님의 사명완수와 교회의 탄생을 방해할 목적으로 가룟 유다의 불안과 탐욕을 사용했다. 하지만 그는 실패했다. 유다는 예수님을 배신한 것에 대해서 후회한 것 같다. 그러나 성서에는 그가 회개했다거나 예수님께 용서를 구했다는 말이 없다. 결국 그는 자살했고 죄악과 수치 가운데 생을 마감했다.

반면 베드로는 자신의 실패 속에서도 하나님의 얼굴을 구했다. 부활하신 그리스도와의 약속이 그의 인생을 온전히 변화시켰고 교회 역사에 의하면 베드로는 십자가에 달려 주님을 위해 순교했다. 그러나 전승에 의하면 베드로는 주님과 똑같이 죽을 자격이 없다고 주장하여 십자가에 거꾸로 매달려 죽었다고 한다.

베드로는 한때 실패자였지만 이후로 평생 주님을 신실하게 섬기는 사람이 되었다. 하나님의 은혜로 베드로의 신실함은 그의 인생을 변화시켰고 그의 실망을 하나님의 소망으로 변화시켰다.

신실함은 접착제와 같다

우리가 방해와 의심, 적대적인 상황 속에서도 관계와 목표, 헌신과 난제들을 포기하지 않게 해 주는 것, 그것이 바로 신실함이다. 우리 모두는 언젠가 하나님께서 이렇게 말씀해 주시길 바라지 않는가.

"잘 하였도다 착하고 충성된 종아" 마 25:21.

그러나 당신이 정말 잘 하지 않았다면 주님은 "잘 하였도다"라고 말씀하지 않으실 것이다. 또한 당신이 충성되지 않았다면 '충성된' 종이라 말씀하지 않으실 것이다. 또한 당신이 교만한 주인처럼 행동한다면 주님은 당신을 '종'이라 부르지 않으실 것이다. 바로 그 날 주님의 말씀은 절대적인 진리가 될 것이다.

하나님께서 당신에게 도저히 사랑할 수 없는 사람을 사랑하라고 하신다고 가정하자. 당신의 섬김을 통해 그의 영혼을 구원하려면 당신에게는 신실함이라는 접착제가 꼭 필요하다. 당신이 누군가를 섬기는데도 그가 반복해서 당신을 거부할 때 정말 성공적으로 종의 수건을 사용하려면 신실함이 있어야 한다. 내 친구 진 에드워즈는 「우리의 사명」이라는 그의 책에서 하나님께서 종들에게 바라시는 것이 무엇이며 부당한 대우를 받을 때 그들이 어떻게 반응해야 하는지 언급한 적이 있다.

> 좀 어려운 문제를 내 볼 테니 맞춰보라. 당신에게 친한 크리스천 친구가 있다고 가정하자. 그런데 두 사람 사이에 무슨 일이 생겼다. 그가 당신에게 한 일이 매우 비기독교적인 것이었다. 세상 죄인도 그렇게 하지 않을 법한 일을 했다. (중략) 상황이 너무나 나쁘고 너무나 불공평하다. 당신은 아무런 잘못을 행한 일이 없다.
>
> 한동안은 참았다. 당신은 친절하고 좋은 사람이기 때문이다. 당신은 모든 종교적인 대응과 영적인 대응을 해 보았다. 그리고는 새로운 사건들이 벌어진다. 그가 더 악하게 나오는 것이다. 그가 당신에게 했을 법한 일을 생각해 보겠는가. 당신에게 거짓말을 했고, 당신에게 손해를 입혔고, 당신의 친구들에게 신의를 잃게 만들었다. (중략) 사람들이 당신을 거짓말쟁이, 사기꾼, 이단자, 광신도, 사탄의 종, 거짓 예언자, 가룟 유다 같은 인간이라고 부른다. 이 모든 일들이 바로 당신이 한 때 친구로 생각했던 사람 때문이다. (중략)
>
> 이 모든 상황 가운데 잠시 멈춰서서 생각해 보라. 감정을 추스르고 그 사람을 판단하지 말고 당신 안에 있는 그 작은 사람에게 귀 기울이지 말고 그 대신 잠시 산에 올라가 예수 그리스도

의 눈으로 바라보라. 하늘의 관점을 가지라. 그것은 위기에 몰린 어떤 사람도 원수를 향해 가지려 하지 않는 관점이다. 예수님의 관점은 무엇인가? 놀랍게도 예수 그리스도는 그 형제로 인해 기분이 상하지 않으셨다. 당신은 상했을지 모르나 주님은 그렇지 않다. 주님은 그 사람에게 저주를 퍼붓지 않으셨다. 주님은 그에게 지옥에나 가라고 말씀하지 않으셨다. 주님은 여전히 친절하시다. 주님은 여전히 그 사람의 인생에서 일하고 계신다. 그의 인생을 더 이끌어가고 싶어 하신다.

만약에 주님이 그렇다면 당신은 그 다음에 어떻게 하겠는가? 이런 암담한 순간에 당신 인생의 모든 것들은 산산조각이 나고 있다. 당신은 어떻게 반응하겠는가? 그리스도처럼 반응하지는 못하겠는가? 기억하라. 그리스도는 당신에게 필요한 모든 것이 되신다. 기억하라. 그리스도는 당신이 원하는 모든 것이 되신다. 그러므로 그리스도는 당신이 취해야 할 모든 것이 되신다. 주님은 산에 올라가 세상을 그분의 관점으로 보려는 사람들을 찾지만 그런 사람들이 많지 않다.

이런 사람들을 변함없이 대하려면 신실함이라는 접착제가 필요하다. 특별히 까다로운 배우자, 불치병에 걸린 부모, 또는 악한 말과 성난 행동과 폭언으로 끊임없이 당신을 무너뜨리는 고용주나 영적 지도자나 일련의 사람들에게 그렇다. 쓰러진

종을 다시 일으켜 세워주는 것이 바로 신실함이다. 데이빗 케이프는 저주와 침뱉음을 당하는 것이 어떤 것인지 안다. 하지만 신실함 때문에 그는 섬김의 수건으로 얼굴을 닦아내고 다시 한 번 친구든 원수에게든 십자가와 대야를 내밀 수 있었다.

일어나 승리하라!

섬김의 여정에서 자주 넘어졌을지라도 신실함으로 인해 목표를 포기하지 않고 다시 한 번 일어설 수 있다면 당신은 승리한 것이다! 섬김의 요소 중에 신실함이야말로 교회 내에서 성공적인 리더십의 필수 요소다.

한때 작고한 제이미 버킹햄이 이런 말을 한 적이 있다.

"최근 나는 실의에 빠진 지도자들을 더 이상 내 힘으로 일으켜 세우지 않기로 결정했다. 왜냐하면 그들의 이름이 지도자들인데 내가 그들을 일으켜 세워서 동기 부여를 한다면 그들은 결코 재기하지 못할 것이기 때문이다. 그들은 스스로 일어서서 자신들이 부름 받은 목적을 회복해야 한다."

'법 조항'이 있으면 구속력이 있는 법적 문서를 만들어 낼 수 있다. 하지만 결혼 관계를 붙잡아 주는 것은 신실함과 사랑의 헌신이다. 20년 이상 결혼생활을 유지해온 부부들에게 물어보면 한결같이 결혼식 하던 그날보다 서로가 더 가까워졌다고 말할 것이다. 그들은 깊은 실망감을 극복하고 두 사람이 결혼 관계에서 경험할 수 있는 불가피한 실패들을 극복해냈기 때문이다. 그들은 신실함과 충성이라는 접착제를 발라서 역경 속에서도 오히려 더 단단하게 묶일 수 있었던 것이다.

결혼 관계에 신실하고 충성스럽게 헌신하는 것이야말로 두 사람을 '연합'이라는 목적에 이르게 만든다. 하나님의 접착제가 그들을 하나로 만드는 것이다. 교회에서도 마찬가지다. 교회는 하나님의 사랑으로 하나된 초자연적인 유기체이다. 그 안에 극과 극으로 다른 사람들이 온통 뒤섞여 있다. 그런 우리가 그리스도 안에서 하나가 되려면 마치 "철이 철을 날카롭게 하는 것 같이" 신실함이 필요하다 잠 27:17. 결국 하나님의 불과 은혜가 우리를 하나 되게 만들고 이 모든 일을 행하시는 분을 영화롭게 하는 것이다.

하나님은 우리를 부르셔서 가족과 교회, 이웃을 섬기게 하시며 가정에서든 해외 그 어디서든 잃은 영혼을 섬기도록 하신다. 기억하라. 당신이 신실하기만 하다면 그 과정 중에 경험하게 되는 실망들은 오히려 거룩한 소망을 붙잡아야 한다는 부담감으로 다가올 것이다. 하나님께 '접착'되어 있어야 한다는 부담감 말이다. 공예가가 두 개의 나뉘져 있는 나무조각에 풀을 발라 영원히 떨어지지 않도록 만들기 위해 꼭 붙여서 접합하는 것처럼 하나님은 교회로 하여금 떨어져 있는 많은 사람들을 사랑의 끈으로 하나 되게 하기 위해 부담감을 주신다.

마지막 사도 맛디아는 그의 설교 실력이나 기적 행함이나 탁월한 가르침 또는 예언적인 능력 때문에 선택된 것이 아니었다. 그가 가룟 유다 대신 사도가 된 것은 오직 그의 신실함 때문이었다. 당시는 예수님에 대한 논쟁이 계속되던 때였고 교회도 탄생하기 전이었지만 그는 늘 그곳에 있었다. 베드로는 맛디아와 바사바라고도 하는 요셉(다른 후보)에 대해 이렇게 말했다.

> "이러하므로 요한의 세례로부터 우리 가운데서 올려져 가신 날까지 주 예수께서 우리 가운데 출입하실 때에 항상 우리와 함께 다니던 사람 중에 하나를 세워 우리와 더불어 예수께서 부활하심을 증언할 사람이 되게 하여야 하리라" 행 1:21-22.

우리가 신실하신 하나님께 신실하다면 후퇴는 실패가 아니며 실패 또한 영원하지도 않다. 실패와 후퇴는 하나님의 능력이 우리의 연약함 가운데 드러나는 기회일 뿐이며 우리의 실망이 우리를 하나님께로 연결시켜주는 거룩한 소망이 되게 하는 기회일 뿐이다.

❦ 데 이 빗 이 말 하 다 ❦

신실함은 일상의 위대함이다

"위대한 사람들은 (토미의 말대로) 인간적인 실망을 하나님의 소망으로 변화시킬 줄 아는 능력이 있다."

당신은 이런 생각을 할 지 모른다. '그렇다면 공장에서 일하는 사람들이나 매주 교회의 같은 자리에 앉아있는 평범한 사람들은 과연 어떤가?' 토미가 언급했던 사람들도 전에는 다 '평범한' 사람들이었다. 그들의 신실함이 그들을 '위대하게' 만들었다. 당신 자신이 평범하다고 생각한다면 그야말로 당신은 신실함을 통해 위대함에 이를 수 있는 후보자라는 뜻이다.

우리가 크리스천으로서 신실함을 이해하고 신실함 가운데 살아야 할 두 가지 충분한 이유가 있다. 그 이유들을 두 개의 성경구절에서 요약하고 있다.

> (예수님이 말씀하시기를) "세상에서는 너희가 환난을 당하나 담대하라 내가 세상을 이기었노라" 요 16:33.
>
> (사도 바울이 말하기를) "그리고 맡은 자들에게 구할 것은 충성이니라" 고전 4:2.

문제와 실망은 인생에서 반드시 일어나는 것들이다. 그러나 모든 크리스천이 섬김의 수건을 두르도록 부름 받았다면, 다시 말해 청지기로 부름 받았다면, 그들은 모두 신실함을 갖춰야 한다.

우리 인생에 실망이 찾아올 때 그것을 다루는 하나님의 방법을 배울 수 있다면 우리의 실망은 하나님의 소망과 승리로 변화될 수 있다. 사탄은 하나님의 소망을 가슴아픈 실망으로 변질시키려고 갖은 애를 쓴다. 그래서 우리의 기쁨을 도적질하려는 것이다. 왜냐하면 이 사실을 잘 알고 있기 때문이다.

"여호와로 인하여 기뻐하는 것이 너희의 힘이니라" 느 8:10.

특별히 당신이 다른 이들을 섬길 때 실망에 빠지면 참 빠져나오기 어렵다. 실망에 빠졌을 때 당신이 꼭 해야 할 세 가지가 있다. 바른 선택을 하는 것, 목표를 위해 인내하는 것, 그리고 대응하기보다 반응하는 것이다.

바른 선택을 하라

이스라엘이라고도 부르는 야곱은 크리스천, 유대인, 무슬림 모두가 존경하는 위대한 세 족장 중 한 사람이다. 그의 인생 시작은 그다지 위대하지 않았다. 그는 세상에 태어날 때부터 '사기꾼'이라는 이름을 얻었다. 그는 늘 약삭빨랐기 때문이다. 그는 두 번이나 형 에서를 속였다. 그의 장자권을 빼앗았고 그의 유업을 빼앗았다. 결국 야곱의 아버지와 어머니는 그를 멀리 밧단아람에 있는 삼촌의 집으로 보냈다. 아내를 찾는다는 구실이었지만 형 에서가 그를 죽이려 하기 때문이었다 창 27:41-28:4.

삼촌의 집에 찾아가는 도중 야곱은 처음으로 살아계신 하나님을 대면했다. 그 사건이 너무나 강력했기 때문에 그는 하나님을 섬기겠다고 약속하고 소유의 십일조도 드리겠다고 약속했다. 대신 하나님께서 그를 형 에서와의 어려움에서 건져 달라고 하였다 창 28:10-22.

그리고는 야곱이 삼촌 라반의 목초지로 향했는데 삼촌의 둘째 딸 라헬을 보는 순간 첫눈에 사랑에 빠졌다. 라반은 젊은 조카를 기쁨으로 맞아들였으며 노동의 대가로 무엇을 원하는지 물어보았다. 그러자 야곱은 즉시 삼촌을 7년간 섬길 터이니 라헬과 결혼하게 해 달라고 요구했다 창 29:1-18.

야곱은 삼촌 라반을 7년간 신실하게 섬겼다. 하지만 7년의 시간도 라헬에 대한 사랑 때문에 수일처럼 여겨졌다. 그러나 안타깝게도 그에게는 실망의 순간이 기다리고 있었다.

결혼식 날 밤 라반은 어떻게 했는지 신부를 바꿔치기 해버렸다. 야곱은 결혼식 날 밤을 라반의 첫째 딸인 레아와 보내고 말았다. 실망한 야곱은 삼촌 앞에 항의하지만 그 지역 풍습상 큰 딸이 먼저 결혼해야 한다는 소리만 반복적으로 들었다. 라반은 야곱에게 라헬을 갖고 싶으면 7년간 더 섬기라는 말로 야곱의 공격을 무마시켜 버렸다 창 29:20-28.

야곱은 속았고 착취당했고 혹사당했다. 그는 사실 어디를 둘러봐도 실망할 거리밖에 없었다. 다른 사람이라면 대부분 그 정도면 신세 한탄에 빠지기 일쑤다. 그러나 야곱의 신실함은 하나님을 대면한 이후로 그의 성품을 변화시켜가고 있었다. 그는 중요한 결정을 내린다. 때로 신실한 종이라면 누구나 내려야 하는 결정을 내린 것이다. 그것은 처음부터 다시 시작하기로 결정한 것이었다.

사람들이 우리를 배신하고 속이고 공공연히 괴롭힐 때 우리는 실망하여 고통하는데 그들은 멀쩡하게 형통과 축복 가운데 사는 것을 보면 속이 뒤집어진다. 그 정도 되면 누군가를 포로로 잡고 싶을 만큼 우리의 모든 생각이 포로로 사로잡히게 된다.

라반은 야곱의 신실함 덕택에 부자가 되어 가고 있었다! 설상가상으로 라반은 야곱에게 임금도 지불하지 않았다. 그리고는 약속도 어기고 라헬 대신 레아를 주었다. 그럼에도 불구하고 야곱은 종의 수건을 다시금 두르기로 결정했다. 사랑하는 사람을 얻기 위해서 다시 7년간 수고하기로 결정한 것이다. 예수님이 하셨던 말씀이 생각난다. 나는 그것을 '섬김의 무기'라고 부른다.

> "나는 너희에게 이르노니 악한 자를 대적하지 말라 누구든지 네 오른편 뺨을 치거든 왼편도 돌려 대며 또 너를 고발하여 속옷을 가지고자 하는 자에게 겉옷까지도 가지게 하며 또 누구든지 너로 억지로 오 리를 가게 하거든 그 사람과 십 리를 동행하고" 마 5:39-41.

당신이 아무리 크게 실망했을지라도 다시 시작할 수 있기를 바란다. 섬겨주던 사람 때문에 부당하게 얻어맞고 쓰러졌다 할지라도 하나님 안에서 다시 시작하기로 결정하라. 그것이 바른 결정이다. 그렇게 결정해야만 기쁘고 아름답게 하나님을 섬기는 자리로 돌아올 수 있다.

데이빗의 두 친구 로이와 패트리샤 퍼킨스는 몇 년 전 모잠비크에 작은 선교 기지를 세웠다. 당시 모잠비크에는 집권당인 프렐리모와 야당인 레나모간에 무장 세력의 내전이 극에 달했을 때였다. 100마일 이내에 병원이라고는 찾아볼 수 없었으며 로이와 패트리샤는 숲이 우거진 오지에서 사역하고 있었다.

그들의 사역은 현지인들에게 건강을 되찾게 해 주는 것이 주목적이었음에도 퍼킨스 부부는 물품이 떨어져서 의약품을 아주 어렵게 모잠비크로 밀수입해야 하는 경우들이 종종 있었다. 밤마다 그들은 멀리서 총소리와 폭탄 터지는 소리와 군인들의 외치는 소리를 들어야 했다. 하루는 군인들이 선교 기지에 쳐들어와 귀중품이라고는 닥치는 대로 다 빼앗아 간 적이 있었다.

어느 날 밤에는 두 부부가 침대에서 자고 있는데 군인들이 총검으로 모기장을 도려내더니 창문을 열고 커튼을 뜯어가는 것이었다. 그들은 간신히 도주하여 밤새 피신해 있다가 이른 아침에 돌아왔다. 선교 기지는 완전히 약탈당한 상태였다.

한밤중에 유괴당하다!

몇 달 후 어느 날 밤 그들은 군인들이 다시 그들의 선교 기지에 찾아온 것을 알았다. 그들은 창문을 열고 또 커튼을 뜯어가고 있었다. 그들은 집에서 빠져나와 숲에 숨었다. 요전에는 군인들이 자리를 떴지만 이번에는 이들 부부가 거기에 남아있다는 것을 알고 이들을 수색하기 시작했다.

퍼킨스 부부와 함께 조앤 굿맨이라는 할머니가 함께 있었는데 당시 할머니는 급하게 피신하느라 얇은 잠옷에 슬리퍼만 신고 있었다. 로이와 패트리샤, 그리고 또 한 명의 사람, 24살짜리 미국인 킨드라 브라이언은 파자마 바람이었다. 그러나 신발을 신고 있는 사람은 한 사람 뿐이었다. 군인들은 마침내 그들을 찾아내 유괴해 갔다. 끌려가는 사람 중에는 짐바브웨인 부부와 18개월 난 아기도 있었다. 그들은 출발하기 전에 선교 기지를 부숴버렸다.

테러리스트들은 밤새 포로들과 진군하다가 날이 밝으면 군인들에게 발각되지 않는 곳에서 쉬었다. 이렇게 40일간을 움직였다. 슬리퍼는 닳기 시작했고 포로들은 상당 기간 잠옷만 입고 있었다. 몇 주가 흐르면서 극도의 긴장감과 한정된 음식으로 인해 빠른 속도로 몸무게가 줄어들기 시작했다.

40일간의 밤샘 행군이 끝난 뒤에도 레나모의 반군 테러리스트들은 퍼킨스 씨 일행을 여러 달 동안 감금해 두었다. 마침내 이들의 유괴 사건이 전 세계적인 관심사가 되었고 그 중 한 사람이 미국 시민이라는 것이 알려졌다. 미 정부가 레나모에 상당한 압력을 가한 뒤에야 그들을 유괴했던 사람들이 포로들을 데리고 말라위 국경에 와서 미국 당국에 그들을 넘겼다.

섬김으로 인해 치른 상당한 대가

퍼킨스 부부와 그 일행은 마침내 자유를 얻었지만 몸은 만신창이가 되었다. 자연적인 관점에서 보자면 이 의료 선교사들은 처참한 지경이었다. 그들은 모잠비크의 빈자와 병자를 섬기느라 상당한 대가를 치러야 했다. 그들이 수년간 땀 흘려 수고하고 희생하여 세운 모든 것이 무너졌다.

미 당국은 퍼킨스 부부를 난민 자격으로 미국에 초대하겠다고 제안했다. 하지만 그들은 잠시 짐바브웨와 남아프리카에 머물겠다는 결정을 내렸다. 사람들은 그들에게 종종 질문했다.

"이제 뭘 하실 건가요?"

그들은 늘 주저함 없이 대답했다.

"다시 돌아갈 겁니다."

환경은 변했을지라도 하나님의 마음은 변하지 않았다는 것을 알고 있었기 때문이다. 야곱처럼 로이와 패트리샤 퍼킨스 부부는 자연적인 관점에서 보자면 실망할 이유가 분명했다. 어떤 이들은 그 상황에 하나님이 함께 하시기나 했냐고 질문할지도 모른다. 그럼에도 불구하고 그들은 실망 속에서도 처음부터 다시 섬기기로 결정했다.

퍼킨스 씨 부부는 섬김의 종이다. 그들은 모잠비크에 돌아가는 그들의 헌신이 어떤 대가를 의미하는지 알았다. 그럼에도 불구하고 그들은 다시 시작하기로 결정했다. 그들은 완수해야 할 거룩한 사명이 있기 때문이었다.

당신의 과거에 어떤 실망스런 사건을 경험했든 아니면 미래에 어떤 일들을 대면하든 용기를 내라. 예수님이 이미 승리하셨기 때문이다. 그리고 다시 시작하라.

야곱은 다시 시작했고 좋은 태도로 섬겼다

야곱은 아무 대가 없이 또 7년을 섬겼고 하나님은 그의 좋은 태도 때문에 그를 번창케 하기 시작하셨다. 라반조차도 뭔가 초자연적인 일이 벌어지고 있다는 것을 깨달았다. 야곱은 두 번째 7년을 마친 뒤 라반에게 떠날 준비가 되었다고 말했다. 그러자 라반이 말했다.

"여호와께서 너로 말미암아 내게 복 주신 줄을 내가 깨달았노니 네가 나를 사랑스럽게 여기거든 그대로 있으라" 창 30:27.

라반이 야곱에게 품삯을 정하라고 하자 야곱은 일정 분량을 요구하거나 승진을 요구하지 않았다. 오히려 이런 말을 했다.

"아무것도 주실 거 없습니다."

대신 그가 라반에게 요구한 것은 양무리를 다니면서 "그 양 중에 아롱진 자와 점있는 자와 검은 자, 염소 중에 점 있는 자와 아롱진 자"를 따로 빼는 것이었다 창 30:32.

야곱은 이렇게 말하고 있는 것이다.

"모든 잡종, 쓸모 없고 보잘 것 없는 것들, 다른 양들을 물들이는 문제 가축들을 따로 빼겠습니다. 그 무리 중에서 약하고 골골한 것들만 따로 빼겠습니다. 그런 것은 별로 안 좋아하시잖아요. 그렇게 별로 내키지 않는 것들만 제가 가져가겠습니다."

야곱은 섬김에 있어서 좋은 태도를 가지고 있었다. 그리고 하나님은 그것을 기쁘게 여기셨다. 성경은 말한다.

> "이에 그 사람이 매우 번창하여 양 떼와 노비와 낙타와 나귀가 많았더라" 창 30:43.

혹사와 오해와 악행에도 불구하고 좋은 태도로 섬기는 하나님의 종들은 눈에 띄는 하나님의 은혜와 축복을 경험한다. 이런 원칙은 요셉, 모세, 다윗, 모르드개에스더의 나이 많은 사촌이자 후견인, 그리고 다니엘의 삶 속에 분명히 드러난다. 역경의 세월에 그들은 모두 기도 가운데 주님을 찾았고 주님은 그들의 문제를 해결해 주셨다. 어떠한 경우에도 경건한 하나님의 종들은 좋은 태도를 유지해야 한다.

목표를 위해 인내하라

룻기는 세 명의 신실한 사람들을 향한 하나님의 신실하심을 기록한 책이다. 룻기를 보면 나오미는 모압 땅에서 남편과 두 아들을 잃은 뒤 두 며느리 외에는 아무도 남은 사람이 없었다.

나오미는 나이가 너무 많기 때문에 히브리 관습대로 재혼해서 아들을 낳아 며느리 오르바와 룻에게 남편으로 줄 수는 없는 노릇이었다. 그녀는 두 며느리를 불러서 더 이상 구속받지 말고 자유의 몸이 되라고 하였다. 그들의 남편을 고국 모압 땅에서 찾으라고 한 것이다. 두 젊은 과부 모두 나오미를 떠나고 싶어하지 않았지만 결국 오르바는 나오미의 말을 따랐고 부모의 고향으로 돌아갔다.

그러는 중 룻은 현실의 절망적인 상황 너머로 죽은 남편의 가족이 자신에게 남긴 진정한 유산을 바라보았다. 물론 남편도 시아버지도 세상을 떠났지만 그녀에게는 그 이상의 유산이 있다는 것을 알았다. 왜냐하면 그녀에게는 하나님과 동행하는 '사랑하는 어머니'가 있었기 때문이다. 나오미와 룻의 관계는 법적인 관계를 뛰어넘어 무한한 사랑의 관계 속에 들어가 있었다. 나오미가 믿음의 본을 보였기 때문에 마침내 룻은 아브라함과 이삭과 야곱의 하나님이 주시는 축복 안으로 접속해 들어온 것이다.

룻은 성경에서 발견할 수 있는 가장 극적인 믿음과 충성과 헌신의 선언을 했다.

"룻이 이르되 내게 어머니를 떠나며 어머니를 따르지 말고 돌아가라 강권하지 마옵소서 어머니께서 가시는 곳에 나도 가고 어머니께서 머무시는 곳에서 나도 머물겠나이다 어머니의 백성이 나의 백성이 되고 어머니의 하나님이 나의 하나님이 되시리니 어머니께서 죽으시는 곳에서 나도 죽어 거기 묻힐 것이라 만일 내가 죽는 일 외에 어머니를 떠나면 여호와께서 내게 벌을 내리시고 더 내리시기를 원하나이다 하는지라" 룻 1:16-17.

나오미는 베들레헴으로 돌아가겠다고 작정했으며 룻도 그녀와 동행했다. 그들은 베들레헴으로 돌아올 때 아무런 재산이 없었기 때문에 룻은 보아스가 소유한 보리밭에서 이삭을 줍겠다고 했다. 보아스는 나오미의 죽은 남편의 친척 중 부유한 자였다. 오직 가난한 사람들과 이방인들만 추수가 끝난 뒤 이삭을 주울 수 있었다. 이런 점을 볼 때 확실히 룻은 전혀 자존심을 내세우지 않았다. 분명 룻은 이삭을 모으는 것 너머로 보아스의 은혜 얻는 것을 바라보았다.

보아스 또한 겉으로 보이는 것 너머의 가능성을 보았다. 그래서 추수하는 보리밭에 나와 보고 룻을 무리 가운데서 뽑아 자신을 위해 일하도록 해 주었다. 그들의 대화를 볼 때 보아스는 자신의 친척이 잘 지낼 수 있도록 세심하게 배려하는 모습이 역력했다.

그들은 서로의 차이점을 넘어서서 하나님의 뜻을 발견했다

보아스는 룻에게 자기 밭에 머물면서 하녀들 즉 여종들을 따라다니라고 했다. 그는 하인들에게 룻을 가만히 두라고 했다. 이에 룻은 질문한다.

"룻이 엎드려 얼굴을 땅에 대고 절하며 그에게 이르되 나는 이방 여인이거늘 당신이 어찌하여 내게 은혜를 베푸시며 나를 돌보시나이까 하니 보아스가 그에게 대답하여 이르되 네 남편이 죽은 후로 네가 시어머니에게 행한 모든 것과 네 부모와 고국을 떠나 전에 알지 못하던 백성에게로 온 일이 내게 분명히 알려졌느니라 여호와께서 네가 행한 일에 보답하시기를 원하며 이스라엘의 하나님 여호와께서 그의 날개 아래에 보호를 받으러 온 네게 온전한 상 주시기를 원하노라 하는지라 룻이 이르되 내 주여 내가 당신께 은혜 입기를 원하나이다 나는 당신의 하녀 중의 하나와도 같지 못하오나 당신이 이 하녀를 위로하시고 마음을 기쁘게 하는 말씀을 하셨나이다 하니라" 룻 2:10-13.

보아스가 볼 때 룻은 기존의 지위와 배경과 기대를 다 내려놓고 오로지 이스라엘의 하나님께만 모든 소망을 걸고 있음이 분명했다. 하나님을 향한 룻의 과감한 믿음이 그의 마음을 사로잡았다. 얼마나 놀라운 이야기인가!

사실 보아스가 들판을 대충 둘러보고 들판에서 일하는 아낙네들이든 농가에서 쉬고 있는 아낙네들이든 전혀 관심을 보이지 않았을 수도 있다. 여느 날처럼 지났을 수도 있다. 그러나 보아스는 눈으로 경청하고 귀로 볼 만큼 민감한 사람이었다. 룻과 보아스는 그 날 하나님의 섭리 속에서 약속이나 한 듯 만난 것이다. 그리고 그들은 주님의 부드러운 인도하심에 민감하게 반응하여 겉으로 보이는 것 너머를 바라보았다.

나는 종종 캘리포니아 남부의 비옥한 농업지대를 지나면서 끝없이 펼쳐진 과수원과 채소밭을 지날 때가 있다. 수백 명의 농장 일꾼들은 어마어마하게 넓은 밭에 흩어져 작은 점처럼 보인다. 나는 룻과 보아스의 이야기를 읽을 때마다 그들이 생각난다.

보아스는 이전에 한 번도 해보지 않은 일을 하나님이 시키심을 느꼈다

보아스는 매우 부자였다. 그는 밭도 상당히 컸을 것이다. 밭을 둘러보면서 작은 점들밖에 보이지 않았을 것이다. 그러나 분명히 그는 뻔하고 일상적인 그 모습 너머를 보고 있었다. 그리고 그의 밭에 있는 젊은 이방 여성 위에 하나님의 손길이 머물러 있음을 보았다. 그 순간 하나님께서 이전에 한 번도 해보지 않은 일을 자신에게 시키신다는 것을 감지했음에 틀림없다. 나오미가 남편을 잃고 돌아온 이후 그는 나오미가 어떻게 지내는지 꾸준히 지켜보고 있었다. 그는 유대법대로 나오미의 가까운 친족으로서의 책임을 신실하게 지키고 있었다룻 4:1-17.

룻과 결혼하기 위해서 보아스는 나오미와 죽은 남편의 소유지와 재산을 모두 회복시켜야 할 의무가 있었다. 남아있는 빚이 있다면 그것도 다 갚아야 했다. 무엇보다도 보아스는 룻과의 사이에서 태어날 장자를 룻의 죽은 남편 아들로 입적시켜서 그 가족의 이름을 이어가게 해야 할 의무가 있었다. 그것은 대단한 희생이고 책임이었다. 하지만 보아스는 이 일에도 신실하게 반응했다.

결국 보아스의 순종으로 말미암아 성경상 가장 훌륭한 로맨스 스토리가 탄생했다. 그는 룻과의 자손 중에 이새라는 손주를 얻었다. 그리고 이새는 다윗의 아비가 되었고 예수 그리스도의 조상이 되었다.

룻은 역경과 실망 속에서도 목표를 위해 인내했던 사람들의 대표적인 본보기이다. 그녀는 젊은 나이에 갑자기 과부가 되었고 인생이 도대체 왜 이러냐고 절망할 만한 충분한 이유들을 갖고 있었다. 그러나 룻은 자신의 삶에서 가장 중요한 영역에서 흔들림 없이 머물기로 결정했다. 그리고 그 결정이 인생의 방향을 완전하고도 영원하게 변화시키는 계기가 되었다. 그 영향이 오늘날까지 우리 모두에게 미치고 있는 것이다.

위기의 순간에 룻은 '관계' 속으로 들어갔다

룻은 나오미에게 말했다.

"어머니의 백성이 나의 백성이 되고 어머니의 하나님이 나의 하나님이 되시리니" 룻 1:16.

룻은 관계의 중요성을 알고 있었음이 틀림없다. 룻은 자신의 운명을 시어머니의 운명과 함께 하기로 결정했으며 이스라엘의 하나님 여호와를 전적으로 신뢰하기로 결정했다.

상황이 어려울 때 관계란 위로를 줄 수도 있고 슬픔을 줄 수도 있다. 상황이 어려워질 때 그때가 바로 하나님께서 내 삶에 보내신 사람들과 머물러 있을 때다. 당신이 신뢰해온 사람들을 피하지 말고 그들 곁으로 가라.

예전에 캐롤과 나는 미국 중서부에 살고 있는 한 젊은 여성을 알았다. 그녀는 주님 안에서 우리에게 딸과 같은 자매였다. 그녀는 주님을 사랑하는 자매였다. 학교를 졸업한 뒤로 그녀는 고향을 떠나 콜로라도에 있는 고급 스키장에 일자리를 얻었다. 그곳은 매우 아름다운 곳이었지만 그녀는 점점 외로워졌고 한 이란 무슬림 남자와 부도덕한 관계에 빠져들었다. 마침내 상황이 너무 심각해져서 그녀의 아버지는 우리 부부에게 스키장에 가서 딸을 만나 달라고 요청했다.

분위기를 무겁게 가지 않으려고 우리는 가까운 산책로를 걸으면서 그녀와 대화하기로 결정했다. 대화를 나누는 가운데 그녀는 울기 시작했고 성령께서 우리를 도우사 그녀의 삶에 어떤 일이 일어나고 있는지를 말하게 하셨다.

예수님과 그녀의 관계는 회복되었다

그 자매는 우리에게서 멀어지는 대신 우리에게 달려오기로 결정했다. 그리고 예수님과의 관계를 회복하기 위해 실패와 죄악 가운데서도 인내하기로 결정했다. 우리가 떠나기 전 그녀는 그녀 아버지와 이 문제를 계속해서 이야기하기로 약속했다. 그리고 마침내 그녀의 아버지가 그녀를 구출하여 지금은 집으로 돌아와 안전한 환경 가운데 거하게 되었다.

이와 같은 위기 속에서 우리는 정죄가 아닌 사랑을 선택했다. 방탕함에 빠졌던 그녀는 자신이 잘못하고 있음을 이미 알고 있었다. 다만 어떻게 되돌려 놓아야 할 지 몰랐던 것이다. 우리 중 그 누구도 그녀를 단 한 번도 정죄하지 않았다. 우리는 예수님 안에서 그녀를 사랑하기만 했다.

나중에 소식을 들어보니 주님 안에서 이 자매에게 진보가 있다는 것이다. 이제 그녀는 행복한 결혼생활을 하고 있으며 훌륭한 엄마가 되었다. 그녀가 실패와 죄악 가운데서도 거룩한 관계에서 멀어지지 않고 목표를 위해 인내했기 때문에 가능한 일이었다. 그녀는 자유해지기를 원했고 하나님과의 관계를 회복하기 원했다.

당신이 위기 가운데 있다면 당신이 피신해야 할 기본적인 영역이 두 가지 있다. 첫째는 가족이고, 둘째는 구원이다. 실망과 실패 가운데 처했을 때 당신의 가족에게로 돌아가고 당신의 하나님께로 돌아가라. 돌아가는 것은 후퇴로 보일 수 있지만 실패가 아니다. 당신을 인생 풍파에서 지켜줄 지상의 관계와 천상의 관계를 계발하라.

룻은 모든 소망을 하나님께 두었다

룻은 가장 큰 실망을 이겨내기 위해 나오미의 하나님을 신뢰하기로 결정했다. 그녀는 자신의 모든 기대와 꿈과 소망을 걸고 이스라엘의 하나님이 주시는 미래를 선택했다. 그녀는 두 마음을 품지도 않았고 두려워하지도 않았다. 그녀는 담대히 선언했다.

"어머니의 백성이 나의 백성이 되고 어머니의 하나님이 나의 하나님이 되시리라."

그녀는 시어머니와의 관계 속에서 인내하며 기다렸고 시어머니의 삶을 통해 영원하신 하나님의 존재를 깨달았다.

위기가 닥쳤을 때 당신은 하나님께로 도망갈 수도 있고 하나님으로부터 도망갈 수도 있다. 어떤 사람들은 위기가 찾아오면 고개를 저으며 말한다.

"하나님이 도대체 나한테 왜 이러시는 거지?"

결국 그들은 하나님과의 관계를 외면해 버린다. 그러나 갑작스럽게 위기가 찾아왔을 때 하나님께로 달려가는 사람들이 있다. 그들은 하나님을 그들의 인생이 다시금 도로 위를 달릴 수 있게 해 주는 '스페어타이어' 정도로 생각한다. 그래서 위기를 모면하고 나면 스페어타이어를 교체하고 그들을 구원하셨던 하나님을 그 즉시 잊어버린다.

캐롤과 내가 숲속 산책로를 걸으며 그 난관 가운데 있던 자매와 대화할 때 나는 그녀에게 질문했다.

"너 예수님을 아직도 사랑하니?"

그러자 그녀는 즉시 대답했다.

"온 마음으로 사랑해요!"

나는 다시 질문했다.

"네가 예수님을 사랑하는 마음이 네가 죄를 사랑하는 마음보다 크지 않니?"

그 순간 그녀는 예수님을 선택했고 다시는 뒤돌아보지 않았다.

우리 모두는 인생에서 이 질문에 대답해야 할 때가 온다.

"나는 내 죄를 더 사랑하는가, 아니면 예수님을 더 사랑하는가?"

용서와 승리에 이르는 열쇠는 우리가 이 중요한 질문에 어떻게 대답하는가에 달려 있다. 우리가 선택할 수 있는 가장 위험한 선택은 멀리 도망가는 것이다. 그러면 하나님이 우리의 삶 속에 역사하실 기회를 없애버리게 된다. 그 먼 자리는 하나님이 우리와 대화하실 수 없는 자리다. 오히려 해법은 간단하다. 하나님께로 달려가 자신의 절망과 대면해야 한다.

룻은 자신의 현실적인 안전에 매달리지 않았다

위기가 닥치면 자연적으로 대부분의 사람들은 자신에게 가장 익숙한 것에 매달린다. 대부분 그것은 가정, 문화, 소유물 또는 종교 같은 일시적인 것들이다. 그러나 룻은 그런 것에 매달리지 않았다. 그녀는 더 크고 원대한 소망을 바라보았다. 오늘날의 성도들 중에도 절망의 순간에 현실적인 안전에 매달릴 수 있음에도 하나님께 달려가기로 선택한 사람들이 있다. 그들은 하나님을 구하고 그리스도 안에서 자신의 사명을 완성하여 그리스도의 신부로 아름답게 거듭난 사람들이다.

18살의 젊은 자매 재키 풀링거는 고향 영국의 안락함을 뒤로 하고 홍콩행 배에 올랐다. 그녀는 아편상과 마약상, 그리고 매춘으로 가득한 견고한 도시 속으로 들어갔다. 그녀가 대면하는 모든 것이 그녀의 문화에는 낯선 것이었다. 하지만 그녀는 하나님께서 자신에게 주시는 말씀에 순종하기로 결정했다.

홍콩으로 인도하신 하나님의 부르심에 그녀가 순종하기로 결정한 일은 우리가 영적 전쟁을 이해하는 데 중요한 돌파구를 제공한다. 그녀는 마약중독을 어떻게 다루어야 하는지 알게 되었고 성령의 능력으로 사람들을 자유케 하기 시작했다. 이런 성과는 5년간의 어려운 시기 동안 그녀가 인내한 결과였다. 그 5년의 세월이 지나자 초자연적 돌파구가 생기기 시작했다.

피터 마샬은 미국 상원의 담당목사였던 사람으로 미국에서 가장 위대한 설교자 중 한 사람으로 여겨졌다. 사람들은 그의 사역을 보며 감탄해 마지않았다. 하지만 그는 젊은 나이에 세상을 떠났다. 그러나 그의 아내 캐더린은 슬픔과 실의에 빠지지 않고 오늘날 교회의 가장 위대한 '어머니' 중 한 사람이 되었다.

캐더린 마샬이 아니었다면 오늘날 많은 교회들이 존재하지도 못했을 것이다. 그러나 그녀는 절망을 딛고 일어나 하나님의 부르심에 순종하였고 오늘날 성령의 강력한 역사를 일으키는 영적 지도자들 중 한 사람이 되었다. 물론 남편이 죽었을 때 모든 것을 포기할 수도 있었을 것이다. 그러나 그녀는 위기의 순간에 인내하기로 결정했고 하나님께로 달려갔다.

쉬운 길이 반드시 옳은 길은 아니다

대부분의 경우 액면대로 보면 옳은 길은 가장 값비싼 대가를 치러야 되는 길로 보인다. 그러나 길게 보면 결국 중요한 관건은 '우리를 향한 하나님의 최선이 무엇인가'이다.

1999년 4월 미국은 콜로라도에서 일어난 콜럼바인 고등학교 총기난사 소식으로 충격에 휩싸였다. 미국 전역은 총기난사로 13명의 학생들이 처참하게 죽은 사건으로 경악했다. 그러나 비극 중에도 어린 크리스천 학생들의 놀라운 이야기들이 들려왔다. 그들은 두 친구가 총구를 들이대고 당장이라도 죽이려는 순간에 예수 그리스도를 믿는다고 고백했다.

이 어린 친구들은 가해자들이 그들로 하여금 예수를 부인하게 하려는 것을 알고 있었다. 그런 상황이라면 부인하는 것이 훨씬 쉬웠을 것이다. 그러나 그들은 자신의 생명보다 예수님을 더 사랑했기에 주님을 부인하고 사느니 그리스도와 함께 죽기로 결정했던 것이다. 전 세계 수백만 명의 시청자들이 이 어린 순교자들의 장례식을 보았고 그들이 주님을 얼마나 사랑했는지 이어지는 그들의 간증을 듣게 되었다. 그들이 죽음 앞에서도 신실한 믿음을 지키는 것을 보고 많은 이들이 구원을 얻게 되었다. 진실로 이 젊은 희생자들에게는 "내게 사는 것이 그리스도니 죽는 것도 유익"하였던 것이다 빌 1:21.

대응하기보다 반응하라

예수님은 한 번도 대응하신 적이 없다. 주님은 언제나 반응하셨다. 부활 이후 제자들이 예수님을 처음으로 만나는 장면을 그려보라. 그들이 주님을 마지막으로 본 것은 삼일 전 모두가 주님으로부터 도망치던 그날 밤이었다. 이미 막달라 마리아가 주님을 보았다고 말했고 제자들은 함께 숨어서 지내고 있었다.

"이 날 곧 안식 후 첫날 저녁 때에 제자들이 유대인들을 두려워하여 모인 곳의 문들을 닫았더니 예수께서 오사 가운데 서서 이르시되 너희에게 평강이 있을지어다 이 말씀을 하시고 손과 옆구리를 보이시니 제자들이 주를 보고 기뻐하더라 예수께서 또 이르시되 너희에게 평강이 있을지어다 아버지께서 나를 보내신 것 같이 나도 너희를 보내노라 이 말씀을 하시고 그들을 향하사 숨을 내쉬며 이르시되 성령을 받으라 너희가 누구의 죄든지 사하면 사하여질 것이요 누구의 죄든지 그대로 두면 그대로 있으리라 하시니라" 요 20:19-23.

주님은 우리에게 기도 이상의 것을 요구하실 때가 있다

예수님은 마음에 분노나 고통을 품고 대응하지 않으셨다.

예수님은 제자들의 배신과 실패에 대해 용서로 반응하셨다. 주님은 원한을 갚는 일에 관심이 없으셨기 때문이다. 주님은 그 자리에서 제자들에게 용서에 대한 말씀을 하기 시작하셨다. 주님은 이렇게 말씀하지 않으셨다.

"너희들 나한테 한 짓을 생각해 봐라. 너희들은 전부 회개해야 마땅해."

오히려 이렇게 말씀하셨다.

"가서 다른 사람들의 죄를 용서해 주어라."

예수님이 십자가를 지기 전 동산에서 베드로는 하나님의 뜻을 어기고 검을 뽑아 주님을 잡으러 온 말고의 귀를 잘라 버렸다. 베드로는 바른 무기를 가지고 있었으나 그 무기를 잘못된 영역에서 사용했다.

예수님은 베드로의 비행에 대해서도 무장한 폭도와 함께 온 말고의 역할에 대해서도 대응하지 않으셨다. 예수님은 베드로에게 검을 버리라는 말씀으로 반응하셨다. 예수님은 말고에게 귀를 고쳐 주시고 용서하심으로 반응하셨다. 용서는 언제나 반응을 필요로 한다.

예수님은 언제나 분노, 실패, 그리고 비행에 대해서 정반대의 마음으로 반응하셨다. 부활하신 후 처음으로 제자들을 보셨을 때 주님은 그들에게 복을 주셨고 선물도 주셨다. 주님은 숨을 내쉬며 그들에게 말씀하셨다.

"성령을 받으라" 요 20:22.

주님은 그들에게 "죄를 지었으니 심판과 저주를 받으라"고 말씀하지 않으셨다. 주님은 또한 말씀하셨다.

"아버지께서 나를 보내신 것 같이 나도 너희를 보내노라" 요 20:21.

그리고 그들 생애 최대의 사명을 맡기셨다. 오순절날 성령께서 다락방에 있던 120문도에게 강림하셔서 불 같은 능력의 세례를 베푸셨다. 그리하여 그들은 초자연적인 섬김의 자리에 서게 되었다 행 1:8, 2:1-11. 그러므로 그리스도의 복음을 듣지 못한 사람들이 남아있는 한 오늘날 우리에게도 증인되는 능력은 여전히 유효하다.

예수님의 용서로 인해 제자들은 사명을 품게 되었다

주님은 마음이 깨어진 제자들을 저주하기보다 섬기심으로 그들의 실패에 반응하기로 결정하셨다. 주님의 용서와 제자들을 향한 믿음으로 인해 그들은 다시 시작할 용기를 얻고 거룩한 사명을 품게 되었다. 예수님이 두 번째로 제자들을 만나셨을 때 주님은 그들에게 복을 주셨고 또 조반을 먹임으로 그들을 섬기셨다요 21:9-13.

인간은 모욕을 당하면 자동적으로 대응하려는 본성을 갖고 있다. 그러나 우리 마음 안에 있는 하나님의 성품은 깨끗한 심령으로 반응하기 원하신다.

언젠가 캐롤과 나는 TV 뉴스를 보다가 처참하게 강간당한 한 여인에 대한 보도를 접했다. 범인은 체포되어 감옥에 갇혔다. 그러나 피해 여성은 자신이 그에게 용서로 반응해야 한다는 확신을 가졌다. 그녀와 그녀의 남편은 감옥으로 직접 강간범을 찾아가 예수님이 하신 것처럼 그를 용서하기로 결정했다고 말했다.

시간이 지나면서 두 부부는 감옥에 갇힌 강간범을 예수님께로 인도했고 그의 친구가 되었다. 그가 감옥에서 나오자 그들은 그를 자기들의 집으로 데리고 가 그가 사회에 재적응할 수 있도록 도와주었다. 그 부부가 보여준 진정한 용서와 용기야말로 예수 그리스도 안에 있는 용서의 진정한 위력을 보여주는 실례다. 왜냐하면 그들이 복수심에 가득 찬 마음으로 대응한 것이 아니라 순전한 마음으로 반응했기 때문이다.

섬김이 항상 쉬운 것은 아니다. 그러나 우리가 신실함의 능력을 어떻게 사용하는지 알게 되면 섬김 그 자체가 기품과 기쁨이 된다. 우리에게 주어진 하루하루에 우리는 실망을 경험할 것인지 승리를 경험할 것인지 바른 결정을 내려야 한다. 하나님은 아들딸들이 종으로 섬길 때 신실함을 중요하게 여기신다.

접착제처럼 붙어있을 수 있는가?

바울이 밝힌 대로 하나님은 능력이나 명성이 없는 보통 사람을 택하시고 세우셔서 그들을 통해 큰 역사를 이루고 자신의 영광을 드러내는 분이시다. 보통 사람이 하나님의 나라에서 위대해지기 위해 필요한 것은 종의 마음과 더불어 하나님의 목표와 임재에 접착제처럼 붙어있을 수 있는 능력이다.

주님을 새롭게 섬기기 원한다면 지금이 바로 적기이다. 진심으로 아래의 기도문을 읽고 하나님께서 당신의 마음과 삶에 새 일을 행하실 것을 신뢰하라.

"아버지, 예수님의 이름으로 아버지 앞에 나아갑니다. 당신의 은혜로 이 순간 나의 가장 깊은 절망과 불가능을 내려놓습니다. 나의 눈과 귀를 열어 주님의 나라를 새롭게 발견하게 하시고 당신의 지혜와 능력으로 사람들을 섬기게 하옵소서.

저의 실패와 약점을 인정합니다. 그러나 당신이 내게 맡기신 모든 일에 제가 신실하고 진실할 것을 예수님의 이름으로 결정하는 바입니다. 저의 목표는 위대해지는 것이 아니라 당신께 신실해지는 것이며 당신이 내 삶에 맡기신 것에 신실해지는 것입니다.

　주님, 저를 통해 영광을 받으옵소서. 오늘 제게 새로운 시작을 할 수 있게 해 주셔서 감사합니다. 저의 삶을 아낌없이 드리오니 받아주옵소서. 그리고 제 평생에 기품과 기쁨으로 섬기는 법을 깨닫게 하여 주옵소서. 예수님의 거룩하신 이름으로 기도합니다. 아멘."

10
예측한 일을 준비하며 섬기라

영적 민감함으로 탁월한 예측가가 되라

❊ 토 미 가 말 하 다 ❊

"잘 하였도다"라는 말을 들을 수 있는 착한 종이라면 고급 레스토랑에서 고객을 대하는 유능한 웨이터들과 동일한 방식으로 주님을 섬길 것이다. 그들에게는 빈둥댈 시간이 없다. 무엇을 대접할지 계속 예측해야 하기 때문이다.

뉴욕이나 파리의 고급 레스토랑에서 식사해 본 사람은 고향에 돌아와 단골 음식점에 갔을 때 상당히 실망하기 마련이다. 무슨 차이점이 있는가? 때로는 음식도 차이가 나지만 대부분의 경우 그들이 느끼는 것은 고급 레스토랑에서 경험했던 서비스의 차이다. 일급 요리를 준비할 수 있는 음식점들은 많다. 다만 일급 서비스가 무엇인지 아는 음식점은 흔치 않다. '그것'이 있는 웨이터들과 없는 웨이터들 간의 차이는 서비스에 대한 그들의 태도와 접근방법의 차이다.

훌륭한 웨이터들은 고객의 모든 필요를 미리 예측하는 능력을 갖고 있으며 이에 대해 큰 자부심을 갖는다. 당신이 수프 코스를 끝내는 순간 그는 당신 곁에 다가와 다 끝낸 음식의 식기를 가져갈 것이다. 음료수 잔이나 컵은 3분의 2 밑으로 내려가면 언제든 웨이터가 다가와 더 부어주기 때문에 굳이 부를 필요가 없다.

정말 이해하기 어렵고 까다로운 손님을 대할 때에도 겸손은 필수이다. 웨이터들이 정말 탁월한 경우 고객들은 왕처럼 대접받기 마련이다.

예측이라는 요소 하나가
좋은 서비스와 탁월한 서비스의 차이를 만든다

그런 음식점에서 맛있는 요리를 경험했던 사람들은 이구동성으로 말한다. 2% 부족한 웨이터들의 서비스에는 바로 '예측'이라는 필수 요소가 결여되어 있다는 점이다. 그것이 좋은 서비스와 탁월한 서비스의 차이를 만들어낸다.

바로 그 필수적인 예측이라는 요소가 성경적인 섬김에 대한 우리들의 이해 속에도 결여되어 있다. 크리스천들은 주님을 섬기는 것과 아무것도 안 하고 앉아있는 것을 동일시할 때가 너무나 많다. 그런 직무내용 설명서는 성경 어디에서도 발견할 수 없다.

정반대로 예수님은 우리에게 일하라고, 주님 오시기 전에 "장사를 하라"고 명령하셨다. 바울은 말했다.

"오직 사랑으로 서로 종 노릇 하라" 갈 5:13.

우리는 개인예배나 공예배를 통해서 천국 소망을 바라보며 주님을 섬긴다. 뿐만 아니라 우리는 주님의 고객들을 섬김으로 주님을 섬기기도 한다. 마치 주인이 당신과 함께 있는 것처럼 그렇게 주인의 손님들을 돌봄으로 주인의 소원을 이루는 것이다. 예수님이 이렇게 말씀하셨다.

"내가 진실로 너희에게 이르노니 너희가 여기 내 형제 중에 지극히 작은 자 하나에게 한 것이 곧 내게 한 것이니라" 마 25:40.

주님의 '형제' 가운데는 굶주린 자, 목마른 자, 집이 없는 자, 헐벗은 자, 병자와 감옥에 갇힌 자들이 포함된다. 우리들 중 이런 사람들의 필요를 예측할 준비가 되어 있는 사람은 거의 없다. 그럼에도 불구하고 그것은 주인께서 우리에게 기대하시는 바이다.

데이빗이 말하다

토미가 말한 예측이라는 요소는 오늘날 교회 안에서 가장 찾기 어렵고도 가장 소중한 부분이다. 나는 십자가와 대야를 들고 다닌 지난 세월 동안 많은 훌륭한 종들과 함께 사역하는 축복을 누려왔다.

그 중 한 사람은 나와 함께 아이티라는 섬나라에서 동역했던 사람이다. 그때는 지금으로부터 몇 년 전 막 미국과 국제연합이 개입할 즈음이었다. 케이프타운 출신의 친한 친구 로드 팔머는 우리와 함께 머무는 동안 진정한 종의 마음이 무엇인지 보여주었다.

우리는 남아프리카에서 아이티까지 여행하느라 비행기를 수차례 갈아타는 수고를 해야 했다. 그러는 동안 우리가 끌고 다녀야 하는 가장 무겁고 귀찮은 짐은 바로 내 장비 트렁크였다. 그 안에는 나무 십자가와 대야, 물탱크 기구, 여러 장의 수건, 캠핑 의자, 장화 등 많은 물품이 있었다. 그 정도 분량이면 거대한 코끼리가 지고 가도 힘들었을 것이다.

나는 당신을 섬기러 왔습니다

이번 여행에서 나는 내 트렁크 외에도 큰 여행가방 하나를 갖고 있었고 로드도 자기 장비 짐을 갖고 있었다. 한번은 가장 힘든 순간에 로드가 갑자기 내 장비까지 자기 어깨에 지고 트렁크까지 들려고 했다. 나는 반대하며 말했다. 그는 이미 자기 짐만으로도 충분히 무거웠기 때문이다. 그때 로드가 말했다.
"아닙니다. 나는 당신을 섬기러 왔습니다."
내가 아무리 말리고 반대를 해도 그는 짐을 하나도 내가 들지 못하게 했다.
로드는 여행 내내 조그만 필요나 섬길 수 있는 기회라도 있을까 하여 계속 미리 예측을 하는 것이었다. 우리 일행이 아이티에 도착해서 숙소를 정했는데 그 방은 전혀 '세계의 좋은 호텔' 명단에는 이름을 올릴 수 없는 방이었다. 방이 워낙 작기도 했지만 말 그대로 제대로 된 욕실조차 없었다. 화장실이 있기는 했지만 하수관에는 방취관_{배수의 일부를 괴게 하여 하수도의 상승가스를 방지하는 U자관}조차 없었다. 그 정도는 오늘날 어느 나라나 당연히 있는 시설이다. 다시 말해 화장실은 항상 지독한 냄새가 났다. 왜냐하면 하수관 때문에 하수구로부터 역겨운 냄새가 바로 우리 방으로 올라왔기 때문이다.

욕실에는 제대로 되는 것이 없었다. 물론 샤워기에서 물이 뚝뚝 떨어지는 정도가 전부였다. 매일 아침 내가 샤워를 하고 나오면 로드는 자신이 할 수 있는 한 방을 쾌적하게 만들려고 노력했다. 그는 매일 아침 내 침대를 정리해 주었던 것이다. 그것은 작은 섬김이었지만 내게는 큰 의미로 다가왔다.

때로 나는 로드에게 다음날 우리가 어떤 특별한 일을 해야 한다든지 어떤 특정한 사람을 만나야 한다고 얘기를 할 때가 있었다. 물론 나는 그것을 내게 꼭 상기시켜 달라는 의미로 말한 것임을 그도 안다. 로드는 섬김의 마음을 가진 사람이었다. 다음날 내가 그 특정인에게 연락하려고 하면 어김없이 로드는 자기가 이미 연락해 두었다고 말하는 것이다. 그는 내가 하고 싶어하는 모든 일을 언제나 한 걸음 먼저 가서 준비하는 탁월한 예측가였다. 그는 진정한 종이었기에 기쁨으로 섬겼던 것이다.

가장 중요한 단어 '예측'

로드와 같은 진정한 종은 그가 섬기는 사람의 필요와 소망을 언제나 예측한다. 야곱과 라헬의 막내아들 요셉은 가정집 종의 위치에서 이집트의 바로왕 다음 가는 총리 자리에 오르게 된다. 그는 종으로 섬기는 가운데 예측이라는 말에 매우 친숙해졌다.

요셉은 하나님의 음성에 귀 기울였고 이집트에 장차 올 기근을 예측했다. 그는 7년간의 풍년에 지역마다 창고를 세우는 탁월한 제도를 고안하고 의무적으로 곡식의 일부를 저장하도록 함으로 이집트를 장차 올 기근에 대비시켰다. 7년간의 흉년이 시작되자 인근 나라들 가운데 이집트만이 많은 양의 저장된 곡식을 갖고 있었다.

종 요셉이 바로와 이집트 전국에 축복과 구원이 될 수 있었던 것은 그가 기근이 닥칠 때까지 기다리지 않았기 때문이다. 그는 필요를 예측했고 미리 준비했다.

또한 그는 종으로서의 부르심과 여정 배후에 인도하고 이끄시는 하나님이 계심을 알고 있었다. 요셉은 늘 좋은 태도를 가지고 새롭게 시작하며 섬기려 했다. 그렇기에 자신을 버린 형제들에게 이런 말을 할 수 있었다.

"나는 당신들의 아우 요셉이니 당신들이 애굽에 판 자라 당신들이 나를 이 곳에 팔았다고 해서 근심하지 마소서 한탄하지 마소서 하나님이 생명을 구원하시려고 나를 당신들보다 먼저 보내셨나이다 이 땅에 이 년 동안 흉년이 들었으나 아직 오 년은 밭갈이도 못하고 추수도 못할지라 하나님이 큰 구원으로 당신들의 생명을 보존하고 당신들의 후손을 세상에 두시려고 나를 당신들보다 먼저 보내셨나니 그런즉 나를 이리로 보낸 이는 당신들이 아니요 하나님이시라 하나님이 나를 바로에게 아버지로 삼으시고 그 온 집의 주로 삼으시며 애굽 온 땅의 통치자로 삼으셨나이다" 창 45:4-8.

요셉은 진정한 종이었다. 그러나 종이라고 주장하면서도 종이 아닌 사람들이 많다. 무슨 일을 해야 하는지 꼭 얘기를 들어야만 하는 사람은 종이 아니다. 나는 이런 질문을 던짐으로 그들이 종인지 아닌지 스스로 점검할 수 있게 한다.
"나는 내가 섬기는 사람에게 무엇을 해야 하는지 늘 얘기를 들어야 하는가?"
만약 대답이 "그렇다"이면 뭔가 변해야 할 필요가 있다.

어머니들은 본능적으로 예측가의 성향을 지닌다

예측하는 능력에는 미리 생각하는 전략적인 능력이 포함된다. 내가 볼 때 어머니들은 본능적으로 필요를 예측하는 성향을 지닌다. 가족이 갑자기 쇼핑을 하러 나간다든지 아니면 일주일 동안 캠핑을 가기 위해 짐을 싼다든지 하면 가장 애매한 장비나 도구들, 그리고 구급 의약품에서부터 좋아하는 장난감에 이르기까지 이 모든 것을 미리 생각하고 챙기는 사람은 엄마다.

산업계에서 회사들이나 제조사들은 미래의 트렌드나 필요를 예견할 수 있는 가장 탁월한 예측가들을 찾아다닌다. 그래야만 그들 회사가 예측되는 성장이나 도전이나 고객의 요구에 대해 사전에 준비할 수 있기 때문이다. 종은 미리 생각해야 한다. 그들이 교회에서 섬기든 선교지나 사무실에서 아니면 물건 만드는 공장에서 섬기든 어디에서든 말이다.

전 세계 지역교회에서 섬기는 가장 위대한 종들은 예배 때마다 음향 시스템을 작동하는 귀한 사람들이다. 이 하나님의 사람들은 늘상 모임이나 예배가 시작되기 한참 전에 도착해서 마이크를 제 자리에 세팅하고 케이블을 연결한다. 이들은 대부분 사람들이 없을 때 음향 장비를 유지 관리하기 위해 별도의 시간과 봉사를 하는 사람들이다.

음향기기에서 섬기는 종

음향기기를 관리하는 것은 일반적으로 음향 시스템을 운영

하는 일에서 가장 쉬운 부분이다. 그러나 그 신실한 음향 담당자에게 예배팀 멤버들이 흥분해서 화를 내고 목사는 불만을 토로하고 싱어들과 특별 손님들은 불을 뿜고 회중들은 성난 눈빛으로 째려본다! 그러면 이들이 과연 그런 쏟아지는 분노와 공공연한 비난을 받을 책임이 있는가? 보통 문제는 둘 중의 하나이다. 음향 시스템에 갑자기 기술적인 문제가 생겨서 귀가 찢어질 듯한 소음이 난다든지 아니면 음향 담당자가 강대상의 필요를 예측하는데 실패함으로 인해 문제가 생기는 것이다.

물론 내가 일반화시켜서 표현하는 것이지만 어떤 면에서 보면 음향 담당자는 그의 손가락으로 음향을 어떻게 잡는가에 따라 기름부으심을 마음대로 조종하는 것이다. 이로 인해 두 가지가 위태로워진다. 첫째는 회중 또는 청중석에 있는 사람들의 매우 짧은 집중력이며, 둘째는 우리의 무감각이나 무능력 때문에 안타까워하시는 성령님의 임재이다.

여러 번 나는 이런 장면을 보아왔다. 목사님이 예배 중에 영적으로 민감한 순간에 주님의 음성을 듣고 마이크 앞에 다가섰는데 때마침 마이크 볼륨을 꺼져 있다. 목사님이 처음 서너 문장을 손짓발짓 하며 말하고 나서야 마침내 소리가 나오면 그때는 이미 기름부으심이 사라져 버리고 회중들은 최대한 차가운 눈빛으로 음향 담당자를 째려본다.

이런 일이 음향 담당자들에게 자주 일어난다. 문제가 생기고 나서야 반응하는 것이다. 그러나 필요를 미리 예측하고 목사님이 마이크 앞에 다가설 때 마이크 볼륨을 높여야 하지 않는가. 이렇게 말할 수 있다. 예배 가운데 모든 필요를 미리 예측하고 성령님의 흐름에 영적으로 민감하고 유능한 음향 사역자와 일하는 것은 그야말로 확실한 기쁨이다! 하나님 나라의 모든 음향 사역자에게 하나님의 복이 임하기를 기도한다. 음향 사역자뿐 아니라 하나님의 모든 종들이 그들의 심비에 예측이라는 단어를 새기게 되면 그들의 섬김은 놀랍게 영향력을 발휘할 것이다.

영적인 예측가로서 탁월한 은사를 받은 사람

영국 런던에 사는 게리 암스트롱은 나의 친한 친구다. 그는 영적인 예측가로서 탁월한 은사를 받은 사람이다. 그는 우리의 사역을 아주 독특한 방법으로 돕고 있다. 수년간의 사역에 수천 마일을 걸었기 때문에 나는 발을 보호하기 위해 수입제품의 신발을 신어왔다.

이 신발은 정말 편안하고 잘 만들어진 신발로서 가죽 덮개는 비가 와도 늘 건조하고 부드럽다. 그때 이 기술은 시장에

상용화되기 몇 년 전이었다. 최근의 스니커즈나 운동화가 이런 기술을 막 사용하기 시작했다. 이런 신발이 남아프리카에는 없다. 그래서 내 친구 게리는 이것을 자신의 사명으로 알고 내게 늘 보내주었다.

하여간 게리는 내가 신고 있는 신발이 다 닳기 전에 새 신발이 나를 기다리고 있음을 늘 알려주었다. 특별히 걸어서 다니는 고단한 사역의 여정 중에는 나의 필요를 세심하게 예측하는 사람이 있다는 것이 얼마나 소중하고 감사한지 모른다. 한번은 길을 걷다가 발 한 쪽에 염증이 생겨서 발이 찌그러진 축구공처럼 부어오른 적이 있었다. 마침내 나는 더 이상 걸을 수가 없어서 병원 치료를 받아야 했다.

회복이 된 이후에도 혹독한 길바닥으로 돌아가야 한다는 사실이 너무나 괴로웠다. 그 순간 게리는 새로 산 편안한 신발을 보내주었고 그의 사려깊은 선물이 나의 마음을 움직였다. 나는 훨씬 더 편안한 마음으로 '걷는 사역'에 복귀할 수 있었다. 나는 게리와 같은 하나님의 진실한 종들에게 감사드린다. 그는 그리스도의 몸 안에서 그리고 세상 속에서 사람들의 필요를 신실하게 미리 생각하고 예측하여 섬겨준 사람이다.

종으로서 예기치 못했던 상황을 다루는 법

참된 종이 예기치 못했던 상황을 다룰 수 있도록 돕는 것은 바로 미리 예측하고 준비하는 것이다. 어린 양치기 소년 다윗이 아비의 양무리를 공격해 오는 사자나 곰을 만났을 때 어떤 마음이었겠는지 상상해 보라. 그는 성령 안에서 준비되어 있었다. 그는 하나님을 알고 의지했기 때문이다. 다윗은 사울왕에게 사자가 나타날 때마다 수염을 잡아 죽였다며 그 영광을 하나님께 돌렸다삼상 17:34-37. 이것이 바로 종이 예기치 못했던 상황을 다루는 방법이다.

예수님은 이 땅에서 일하실 때 끊임없이 예기치 못했던 일들을 다루셨다. 내 생각에는 예수님이 맞닥뜨린 가장 예기치 못했던 도전은 서기관과 바리새인들이 간음하다 현장에서 잡힌 여인을 성전에 있는 예수님 앞에 붙잡아 온 사건일 것이다.

예수님은 자기 의에 가득한 무리들 가운데 서 계셨다. 그들은 손에 돌을 집어들고 이제라도 여인을 쳐 죽일 셈이었다. 물론 예수님은 그 돌이 그 여자를 향하지 않았다면 주님을 향할 수도 있다는 것을 알고 계셨을 것이다. 주님은 비난하는 자들을 겸손케 하시고 그녀의 죄를 용서하심으로 그 여자를 섬겨 주셨다. 예수님은 올바른 영역에서 올바른 무기를 선택하셨다요 8:2-11.

당신이 예기치 않은 상황에 빠진다 해도 소망하기는 사자를 만나거나 돌을 든 성난 군중을 만나는 위험에 빠지지는 않기를 바란다. 물론 마지막 순간에 계획이 예상치 못하게 변경될지라도 기쁘게 순응할 필요가 있지만 예기치 못한 상황이 일어날 것을 예상하고 준비할 수 있다면 더욱 좋을 것이다. 섬김에 대한 팔복이 있다면 이런 말씀이 아니겠는가.

"유연한 자는 복이 있나니 저희가 구부러지나 부러지지 않을 것임이요."

준비의 중요성

예수님은 준비의 중요성을 가장 잘 알고 계시는 종이었다. 그의 모친이 가나의 혼인잔치에서 포도주가 떨어졌다고 말하자 예수님이 종들에게 가장 먼저 지시한 것은 항아리를 준비하라는 것이었다 요 2:7. 그리고 나시 주님은 혼인집 손님들을 위해 물을 포도주로 변화시키셨다. 또한 주님은 제자들에게 5천 명 되는 무리들을 준비시키라고 하셨다. 그리고 나서 놀라운 기적으로 그들을 먹이셨다 막 6:39-44. 그리고 예수님은 제자들에게 예수님의 행차를 미리 준비케 하셨다. 그리고 나서 주님은 나귀새끼에 올라타고 예루살렘으로 입성하셨다 마 21:1-10.

때로 주님의 준비는 놀라울 정도로 섬세했고 본질적으로 예언적이었다. 그것이 자연적인 필요에 관한 것일 때도 마찬가지였다.

"예수께서 베드로와 요한을 보내시며 이르시되 가서 우리를 위하여 유월절을 준비하여 우리로 먹게 하라 여짜오되 어디서 준비하기를 원하시나이까 이르시되 보라 너희가 성내로 들어가면 물 한 동이를 가지고 가는 사람을 만나리니 그가 들어가는 집으로 따라 들어가서 그 집 주인에게 이르되 선생님이 네게 하는 말씀이 내가 내 제자들과 함께 유월절을 먹을 객실이 어디 있느냐 하시더라 하라 그리하면 그가 자리를 마련한 큰 다락방을 보이리니 거기서 준비하라 하시니" 눅 22:8-12.

진정한 종은 영적으로 미리 민감하게 감지함으로 필요들을 예측한다. 몇 년 전 내가 처음으로 남아프리카를 통과하는 대륙횡단 여정에 올랐을 때 론 워터메이어라는 친구가 성령 안에서 자신이 나를 도울 필요가 있음을 감지했다. 그는 즉시로 직장을 내려놓고 아내와 어린 아이들을 데리고 수백 마일을 여행하여 도로상에 있는 캐롤과 나, 그리고 우리 아이들을 만나러 왔다.

우리만 탈진한 게 아니었다

당시 우리는 길이 있든 없든 이례적으로 빠른 속도로 가고 있어서 걱정이었다. 왜냐하면 우리만 탈진한 게 아니었기 때문이다. 우리 차와 트레일러도 심각하게 수리를 받아야 할 상황이었다.

론이 도착했을 때 그는 두 가지 목표를 세웠다. 첫째는 우리 차량을 수리해서 도로 여행에 문제가 없게 만들겠다는 것, 둘째는 캐럴과 내가 몸과 마음과 영혼이 재충전되도록 하겠다는 것이었다.

다른 친구가 캐롤과 나와 아이들을 작은 호텔 숙소에 데리고 간 사이, 론은 우리 차들을 더반이라는 큰 도시로 몰고 가 수리점에 맡겼다. 그러는 동안 우리 가족은 모두 육체적으로 영적으로 완전히 회복되고 충전되어 너무나 행복했다.

론은 차량을 깨끗하게 수리하고 정비해서 돌아왔다. 일주일 뒤 우리는 그의 영적인 섬김으로 인해 복을 받고 다시 여정에 오를 수 있었다. 론은 성령의 인도하심에 영적으로 민감했다. 그는 하나님의 기름부으심 가운데 진정한 섬김의 길을 가는 사람이었다.

정의하자면 섬김은 사실 모든 종류의 사역을 포괄한다. 그러나 영적으로 미리 민감하게 감지하는 것의 중요성은 특별히 대중에게 말씀을 전하거나 개인적으로 기도하는 사역에서 중요하다.

앞에서 언급했던 대로 내가 로드와 아이티로 가기 전이었다. 성령님은 영적 전쟁의 기도 가운데 우리에게 그 나라에서 사탄의 저항에 맞닥뜨릴 것임을 경고해 주셨다. 주님의 예고를 받고 우리는 예측하고 준비하여 영적 무장을 하고 아이티에 들어갔다.

300년 전 아이티의 지도자들은 식민지 지배에서 자유를 얻는 조건으로 그들의 나라를 사탄에게 넘겨주었다고 한다. 적어도 아이티는 오늘날 부두교_{아프리카에서 서인도제도의 아이티로 팔려 온 노예 흑인들 사이에서 믿던 종교}와 마녀들의 현대판 안식처로 악명이 높다.

어느 날 밤 로드와 나는 아이티의 수도 포르토프랭스 외곽에서 400명 남짓의 사람들에게 사역을 하고 있었다. 순간 성령 세례를 받기 원하는 사람들을 위해 기도하라는 음성이 들려왔다. 사도행전의 역사처럼 말이다. 이런 사역은 예전에도 여러 번 했었던 일상적인 사역이었다. 그리고 매번 아주 아름답게 진행되었다. 내가 사람들을 위해서 기도하기 시작하자 성령께서 그들 가운데 임하셨고 어떤 이들은 충만해졌고 다른 이들은 조용히 서 있기만 했다. 그날 밤 모인 무리의 반 이상이 성령 세례를 받겠다고 앞으로 나아왔다.

지옥의 모든 사탄이 나타나는 것 같았다

우리는 평상시처럼 사람들을 위해 기도하기 시작했다. 그 순간 지옥의 모든 사탄이 튀어나오는 것 같았다. 어떤 이들은 비명을 지르기 시작했고 다른 이들은 경련을 일으키기 시작했다. 정말 입에 거품을 무는 사람도 있었고 서로 목을 조르는 사람, 그 자리에 있는 집기들을 부수는 사람들도 있었다. 그것은 정말 '사탄전'이었다.

나는 벤치에 올라가서 예수님의 이름으로 사람들 안에 거하는 영들에게 강하게 명령했다. 그러자 순식간에 조용해졌다. 초자연적인 섬김은 결코 간단하지 않다. 우리는 예기치 못하는 상황에 깨어 있어야 한다. 로드와 내가 이런 예기치 못한 상황에 전혀 충격을 받지 않았던 것은 상당한 영적 저항이 있을 것을 예측했고 기도로 미리 준비했기 때문이다. 우리는 단지 하나님께서 모든 믿는 자에게 허락하신 권세를 사용하여 귀신들에게 예수 그리스노의 이름 앞에 굴복하도록 명령했을 뿐이다.

영적으로 민감하게 예측하는 것은 섬김의 또 다른 영역에서도 핵심적인 역할을 한다. 그것은 주로 지역 교회의 섬김에서 사용되기도 하지만 개인적인 섬김에서 사용되기도 한다. 나는 지역교회가 복음 사역을 하는 목회자들이 '잠시 멈추도록'

돕는 것에 관해 말하려 한다. 그들에게는 쉼과 안식, 그리고 무엇보다 주님과 홀로 대면하는 시간이 필요하기 때문이다.

예수님조차도 하늘 아버지께 기도하고 친밀한 대화를 나누는 시간을 위해 물러나곤 하셨다. 그러나 오늘날 많은 사역자들은 새롭게 될 시간이 거의 없다. 여행 중에 보면 사역자들에게 이런 필요가 있음을 민감하게 감지하는 교회도 있지만 그렇지 않은 교회도 있다.

언제나 우리를 새롭게 해 주는 교회

캐롤과 나는 세지필드라는 마을에 있는 한 교회에서 사역하는 특권을 가질 때가 종종 있다. 그곳은 남아프리카의 유명한 정원 도로 Garden Route 상에 위치한 곳으로서 그 지역에서 가장 아름다운 풍경이 펼쳐져 있는 곳이다. 우리가 세지필드에 갈 때마다 그 교회는 언제나 사역 뒤에 며칠간 쉴 수 있도록 준비를 해 주었다. 그들은 우리를 아름다운 스위스풍 별장이 있는 리조트에 데려간다. 그곳은 바다의 파도가 바로 150미터 아래로 보이는 깎아지른 절벽 위에 세워진 별장이다. 감사하게도 교회는 미리 식료품을 챙겨주고 냉장고 안에 모든 종류의 과일과 파이들을 준비해 준다.

또 한번은 남아프리카 케이프타운에 있는 한 창의적인 교회가 그들 교회에 사역하러 올 때 이틀 더 시간을 내 달라고 요청했다. 그 교회는 평상시처럼 비행기를 태워 집에 보내는 것이 아니라 1등급 기차 여행을 시켜주고 싶었던 것이다. 우리는 너무나 놀라서 무슨 말을 해야 할 지 몰랐다.

귀한 사역을 마치고 나서 우리는 고급 기차에 올라타 기차가 헥스 리버 계곡의 경관을 지나는 동안 편안히 쉴 수 있었다. 그날 밤 우리는 고급 식당차에서 정식으로 푸짐한 저녁식사를 했다. 다음날 아침에도 멋진 식사를 즐길 수 있었다. 집에 돌아왔을 때에는 완전히 새롭게 충전되었고 너무나 행복했다. 이 교회는 사전에 감지하고 있었다. 성도들이 우리의 필요를 예측하고 도저히 잊을 수 없는 독특한 방법으로 우리를 섬겨주었던 것이다.

하나님의 종은 섬길 때 언제나 성령님께 민감해야 한다. 특별히 하나님의 말씀을 선포할 때나 하나님의 양무리를 인도해 갈 때 민감해야 한다. 성령님께 민감해야만 삶을 변화시키는 강력한 하나님의 임재를 경험할 수 있고 부흥을 일으킬 수 있다. 그러나 민감하지 않으면 이 모든 것을 그저 순간적으로 맛만 보게 된다. 우리가 예전에 경험하지 못한 일들을 하나님이 시키실 때 우리는 성령님께 둔감하거나 거부해서는 안 된다.

종으로 섬기신 예수님은 언제나 예측하는 분이셨다. 주님은 지상에서의 모든 삶을 두 가지 방식으로 사셨다. 하나는 천국이 가까웠다고 선포하는 '복음증거'였고 다른 하나는 '섬김'이었다. 주님이 하신 모든 것은 이 두 가지 사역 범주 안에 들어간다. 주님은 섬기실 때 늘 예측하셨다. 아버지의 나라가 임할 것이고 아버지의 뜻이 이 땅에 이뤄질 것을 예측하셨다. 이제 주님은 그 두 가지 사역을 우리에게 맡기셨다.

11
기름부으심의 누수현상을 막아라

'매일 섬김'에 이르는 일곱 가지 열쇠
S·E·R·V·A·N·T로 섬기라

❃ 토 미 가 말 하 다 ❃

"기름부으심의 누수현상이다. 크리스쳔들도 누수현상이다."

지난 사오년간 데이빗은 그의 섬심 축제 세미나의 마지막 집회를 시작할 때마다 이 말을 해 왔다. 정말 가슴에 새겨지는 말이다. 이 말을 생각할 때마다 나의 아버지 T.F. 테니가 목회 사역을 할 때 경험했던 이야기가 생각난다. 아버지는 한 젊은이가 강단에서 놀라운 열정으로 부르짖어 기도하는 것을 보았다.

"주님, 채워주소서! 주님, 채워주소서!"

얼마나 기특한 모습인가. 그러나 아버지의 귀에 들려오는 다른 소리로 판단해 보건대, 이 젊은이는 부흥이 있을 때마다 '채움을 받는' 사람일지는 몰라도 '채워진 대로 충만하게 사는 사람은 아니었다' 는 것이다. 왜 그런가 아버지에게 물었을 때 이렇게 말씀하셨다. 그 젊은이 건너편에서 한 나이든 여성이 기도하는 소리를 들었다는 것이다.

"그리 마옵소서, 주님. 그는 다 새어나갑니다!"

아마도 그 자매님은 이렇게 기도하는 것이었을 것이다.

"주님, 그를 채우시기 전에 그의 누수되는 곳을 고쳐주십시오."

사실 우리들도 교회에 와서 하나님의 영광과 능력과 순결로 가득 채워지는 경우가 많다. 그러나 어떻게든 하나님의 부엌에서 떠나는 순간 영광의 유리잔을 엎어 버리고 만다.

우리는 너무나 자주 하나님의 신령한 예금을 심하게 낭비하기 때문에 거룩한 불이 붙어서 살기보다는 천국의 그을음만 갖고 그럭저럭 살고 있는 것이다. 우리의 선한 의도조차도 반짝거리지만 어딘가 새고 있는 기름 탱크와 같다. 우리는 진한 빨간색으로 우리의 열정을 표현하는 글씨를 새긴다. 우리가 담고 있는 폭발력을 경고하는 크리스천 스티커를 붙이는 것이다. 우리 안에 있는 것으로 세상을 변화시킬 수 있다는 놀라운 잠재력을 표현하는 용량 표시를 써 놓는다. 그러나 실제로 우리 안에 있는 연료를 틀어 놓으려는 순간 우리는 알게 된다. 우리 안에 있는 것은 거의가 휘발성 연기와 실현성 없는 공약뿐이라는 사실을. 우리의 진정한 잠재력은 이미 오래 전에 다 새어나갔기 때문이다.

의도는 좋지만 뒤따르는 실천이 없다

이것이 바로 우리가 의도는 좋지만 뒤따르는 실천이 없는 삶에 순응할 때 드러나는 모습입니다. 교회의 심장이 치명적인 상태에 빠진 것을 야고보는 이렇게 경고했다.

"행함이 없는 믿음이 헛것인 줄을 알고자 하느냐" 약 2:20.

위대한 의사이신 주님은 몸된 교회에 이런 벽보를 붙이신다.

'스트레스 검사 예정.'

교회의 심장병 증세는 충격적이다. 주님은 우리가 아는 것은 많은데 행하는 것은 적다는 사실을 알고 계신다. 지식의 수위가 행동의 수위를 훨씬 넘어선다. 그래서 주님의 기대에 미치지 못하고 만다. 이런 증상들의 합병증으로 인해 결국 교회는 바리새파적인 제도로 전락하고 있다. 우리는 주님의 언약 아래 살며 주님의 부르심 아래 산다. 동시에 우리는 주님을 따라 거리로 나가 그분의 영광에 동참하기에는 영적으로 너무나 숨이 차고 약해져 있다.

의사이신 주님은 교회의 과체중 비대증을 치료하기 위해 단연코 섬김이라는 처방을 내 놓으셨다. 이제는 우리 자신이 '복 주소서' 밀크셰이크를 탐닉의 소파에 내려놓고 자리를 털고 일어나야 할 때다. 해야 할 일이 있고 '빼야 할' 과체중이 있다. 영감을 말하는 교회가 이제는 땀 흘리는 교회가 되어야 한다. 정말 우리가 주님의 종이 되고 믿음의 선구자로 서 있기를 원한다면 그래야 한다.

주님의 식탁에 있는 성찬은 놀랍고 멋지다. 다만 식탁에 앉기 전 누군가는 죄인과 성인의 발에서 먼지를 씻어내 주어야 한다. 우리가 기어이 하지 않겠다고 하면 영광의 왕께서 또 한 번 수건을 직접 두르셔야 하겠는가? 그러면 우리에게 얼마나 수치가 되겠는가?

❦ 데이빗이 말하다 ❦

"기름부으심의 누수현상이다. 크리스천들도 누수현상이

다."

나도 또 하나의 누수되는 그릇일 수 있기 때문에 하나님이 내게 주신 비전과 목표를 끊임없이 되새기려고 노력한다. 전 세계 목회자들이 대부분 인생의 많은 시간을 어디에 사용하는지 아는가? 하나님께서 그들의 마음에 처음으로 주셨던 비전에 교회가 집중하도록 하는 일에 사용하고 있다. 우리는 다른 일에 분주하여 너무 쉽게 초점을 잃어버리고 최우선이 무엇인지 쉽게 망각해 버린다.

12일 동안 금식하며 기도한 후 주님은 내 마음 가운데 섬김 축제에 대한 아이디어를 주셨다. 그때 주님은 내게 섬김에 대해 다시금 말씀하셨다. 나는 성경에 나타난 위대한 종들의 생애를 연구했고 상당히 중요한 원리들을 발견할 수 있었다. 그러나 내 마음 속에서 그 '누수' 문제를 지울 수가 없었다. 어떻게 하면 기억력을 자주 휴가 보내는 나 같은 사람들에게 이런 진리들을 강하게 새겨줄 수 있을 것인지 알고 싶었다.

주님께 방수 효과를 가진 지혜를 달라고 구하자 주님은 내게 이 성경말씀으로 깨우쳐 주시는 것을 느꼈다.

"이르시기를 너희는 가만히 있어 내가 하나님 됨을 알지어다 내가 뭇 나라 중에서 높임을 받으리라 내가 세계 중에서 높임을 받으리라 하시도다" 시 46:10.

설교자들에게는 어려운 말씀이다. 하지만 펜과 종이를 꺼내서 테이블에 앉았다.

"하나님, 맞습니다. 당신이 말씀하시기까지 저는 침묵하겠습니다."

네 시간 후

정말 종이와 펜만 가지고 앉아서 몇 시간 동안 침묵했다. 실제로 네 시간이 지났지만 아무런 일도 일어나지 않았다. 그동안 내가 종이에 써내려 간 것은 단 하나 '종'이라는 단어였다. 그러나 특별히 심오하게 느껴지지도 않았다. 결국 주님과 나는 지난 10일 동안 종들에 대해 집중하여 대화하고 있었다.

나는 기도 가운데 여쭤보았다.

"다른 것은 없습니까?"

그때 성령께서 조용히 말씀하시는 것을 느꼈다.

"그것만이 내가 네게 해 주고 싶은 말이다."

다시 종이 위에 있는 이 외로운 단어를 응시할 때 '종' servant 이라는 단어가 일곱 개의 철자로 되어 있다는 것을 깨달았다. 주님이 말씀하시는 것이 느껴졌다.

"이것이 내가 네게 주고 싶은 열쇠이다."

'종'이라는 단어에는 일주일의 칠 일 동안 '매일 섬김'을 적용할 수 있는 7개의 철자가 있다. 결국 말하자면 이것은 매일의 섬김에 열쇠가 된다. 주님은 내게 '종'이라는 단어의 각 철자를 기초로 일곱 가지의 열쇠를 주셨다. 이 열쇠들을 가지면 우리는 매주 매일매일 섬김의 삶을 살 수 있다.

많은 크리스천들이 진정으로 예수 그리스도를 섬기기 원한다. 그들에게는 종의 마음이 있다. 하지만 그들은 실제로 어떻게 섬겨야 할 지 잘 모른다. 우리가 내디딜 수 있는 첫 걸음은 그리스도의 이름으로 우리가 섬길 수 있는 개인이나 부부를 선택하는 일이다. 대상을 너무 많이 잡으면 집중력이 약해질 수 있다. 이것은 '무차별 기관총 섬김'이 아니라 당신이 일대일로 다른 사람을 섬기는 것이다. 당신이 그렇게 하겠다고 결정만 하면 이 간단하고 실제적인 칠 일간의 패턴은 분명히 전 세계 수천수만의 인생들을 변화시킬 것이다.

매일의 섬김에 이르는 일곱 가지 열쇠

첫째 날 : 사랑을 말하라 Speak love

'종' servant의 첫 번째 철자 S는, 진정한 종은 어떤 상황에서든 만나는 모든 이들에게 사랑을 말한다는 의미이다. 당신이 종이 되기 원한다면 매주 첫 날은 다른 사람에게 사랑을 말해 줌으로 섬김을 시작하라. 우리 모두에게는 격려와 사랑, 긍정적인 자아상이 필요하다. 그러나 너무나 많은 사람들이 낮은 자존감으로 인해 고통하고 아파하는 것을 보면 충격적이다.

격려에는 돈이 들지 않는다. 그리고 격려가 필요하지 않은 사람은 없다. 그러니 우리가 다른 이를 격려하지 않을 이유가 없잖은가! 이번 주에 당신이 섬길 사람을 정하고 그에게 연락해서 사랑과 격려의 말을 그의 인생 가운데 해 주라. 그러면 외적으로 드러나는 변화를 보고 당신도 놀라게 될 것이다.

당신의 사랑과 격려의 말이 필요 없는 사람도 있을 것이라 생각하지 말라. 모두에게 그 말이 필요하다. 부모도, 아이들도, (친근하든 적대적이든) 사장에게도, 친구들도, 가족들과 심지어 목회자들과 사역자들에게도 필요하다. 목회자나 사역자들 중 누구도 겉보기처럼 완벽하지 않다.

많은 이들이 자신의 목회자는 '사랑과 격려'의 대상 목록에 포함시키지 않는다. 이렇게 생각하기 때문이다.

"목사님은 주님과 친밀하게 지내시는데 뭐. 격려가 필요하시겠어?"

목회자들은 매일같이 상당한 중압감에 시달린다. 대부분의 직업이 낮 시간에 일한다면 목회자의 사역은 시간대가 없다. 목회자는 부르면 달려가는 일에 익숙해진다. 하루 24시간 일주일에 7일, 1년 365일 그렇다.

많은 목회자들이 자신의 교인 숫자만큼 많은 사장님을 모시고 있는 것처럼 느낀다. 그런데 이 사장님들이 모두 교회 사역이 어떻게 되어야 한다는 제각각의 소견을 갖고 있다! 다양한 의견들, 압박감, 급하게 처리할 일들이 있다. 게다가 성도 수가 수천 명일지라도 50명만 반대의견을 내도 목회자의 어깨가 얼마나 무겁겠는지 상상해 보라. 민감하라. 그리고 주저하지 말고 당신의 목회자에게 사랑과 격려의 말을 하라.

격려하는 말이 가진 힘을 과소평가하지 말라

내가 개인적으로 관찰해 볼 때 형제들보다 자매들이 자존감 문제로 더 씨름하는 것 같다. 형제들은 자존감 문제에 대한 근심을 쉽게 떨쳐내고 잘 전진하는 편이다. 그러나 사탄은 종종 경건한 자매들에게 타인 앞에 드러나는 그들의 가치와 업적이나 외모에 대해 두려움을 갖게 만들고 또 다른 생각을 품게 만든다. 당신의 격려하는 말은 놀라운 힘을 갖고 있으니 과소평가하지 말라. 그 말이 한 여성의 자아관을 변화시키고 자존감을 높일 수 있다.

캐롤과 내게는 우리가 깊이 사랑하며 '주 안에서 딸'처럼 여기는 젊은 자매가 하나 있다. 그녀의 아버지는 언젠가 그의 딸이 십대 때 어떠했는지 말해 준 적이 있다. 그녀는 덩치도 크고 머리도 수세미 같고 이빨은 삐져나오고 두꺼운 뿔테 안경을 쓰고 있었다는 것이다. 물론 그 어떤 것도 아버지에게는 문제가 되지 않았다. 그는 딸을 자신의 무릎에 앉히고 안아주면서 말하곤 했다.

"너는 세상에서 가장 아름다운 딸이란다. 너는 앞으로 가장 놀라운 여성으로 자라나게 될 거야."

이 아버지는 매일같이 딸에게 사랑의 말을 했다. 그가 사랑의 말을 할 때마다 딸은 장미꽃처럼 피어나기 시작했다. 오늘날 그녀는 어느 모로 보나 아름다운 여성이 되었다. 그녀는 어떤 사람들과 함께 있어도 세련되고 눈에 띄는, 또 내면과 외면의 아름다움으로 빛나는 아주 놀라운 여성이 되었다. 그녀는 사랑스런 아이들의 엄마로 그리고 멋진 남편의 아내로 훌륭한 여성이 되었다. 그녀는 은혜와 격려와 사랑이 넘치는 사람으로 모두에게 알려져 있다.

이 아름다운 젊은 여성이 인생의 장애물을 극복할 수 있었던 것은 누군가가 아낌없이 그녀에게 사랑의 말을 해 주었기 때문이다. 첫째 날에는 당신이 섬기기로 선택한 사람에게 사랑의 말을 하라. 교인 전체나 마을 사람들 전체에게 사랑의 말을 하려고 하다가는 집중력을 잃을 것이다. 하나님께서 지목하신 사람한테 집중해서 그에게 사랑의 말을 전해야 한다.

둘째 날 : 효과적으로 하라 Effective

'종'servant의 두 번째 철자 E는 참된 종이 다른 사람을 섬길 때 효과적인 방법으로 계획하고 준비하고 진행하는 것을 말한다. 예수님은 제자들을 매우 효과적인 방법으로 섬기셨다. 한 가지 예로 주님이 부활하시기 전 베드로와 다른 여섯 명의 제자들은 디베랴 바닷가에 고기 잡으러 가기로 결정했다 요 21:2-3. 분명히 제자들은 앞으로 예수님이 그들과 함께 계시지 않을 것이라는 이 불확실한 미래의 상황에 대해 낙심해 있었던 것 같다.

주님이 해변에서 제자들을 부르셨을 때 일곱 제자는 밤새 조업을 했지만 한 마리도 잡지 못한 상황이었다. 그들 중 몇 사람은 본업이 베테랑 어부가 아니었는가! 예수님은 그들이 최악의 순간에 처해 있을 때 그들에게 복을 주시고자 했다. 그리고 주님이 사랑하는 제자들을 섬기기 위해 효과적으로 준비하고 계획하셨음을 알 수 있다.

"예수께서 이르시되 얘들아 너희에게 고기가 있느냐 대답하되 없나이다 이르시되 그물을 배 오른편에 던지라 그리하면 잡으리라 하시니 이에 던졌더니 물고기가 많아 그물을 들 수 없더라 육지에 올라보니 숯불이 있는데 그 위에 생선이 놓였고 떡도 있더라 예수께서 이르시되 지금 잡은 생선을 좀 가져오라 하시니 예수께서 이르시되 와서 조반을 먹으라 하시니 제자들이 주님 이신 줄 아는 고로 당신이 누구냐 감히 묻는 자가 없더라" 요 21:5-6,9-10,12.

예수님은 이렇게 말씀하지 않으셨다.

"어 이보게들 내가 이제 너희들을 축복하려고 하는데. 물고기는 잡은 게 좀 있는가? 가서 나무도 좀 찾아와야지."

오히려 불이 이미 지펴 있었고 떡도 구워져 있었고 생선도 숯불 위에 익혀져서 딱 먹기 좋은 상태였다. 섬김의 주 그리스도께서는 섬기기 전에 어떻게 섬길지 효과적으로 계획하셨다.

선한 사마리아인은 일을 효과적으로 계획하는 사람이었다

예수님이 제자들에게 말씀하셨던 선한 사마리아인은 기꺼이 자비를 베풀었다는 점 외에도 효과적으로 준비하고 계획하는 능력을 보여준다. 먼저 그는 장비를 잘 갖추고 다니는 여행자였다. 왜냐하면 그는 길가에서 발견한 유대인 희생자에게 응급처방을 해 줄 수 있는 모든 것을 갖고 있었기 때문이다. 그는 헝겊과 기름과 포도주 같은 물품을 갖고 있었다 눅 10:34.

게다가 자신의 1세기 자동차인 짐승에 그 사람을 태워 가까운 주막에 데리고 가서 밤새 그를 돌보아 주었다. 그리고는 자신의 비용을 들여서 그 유대인 나그네를 장기간 돌보는데 필요한 구체적인 계획을 실행했다.

> "그 이튿날 그가 주막 주인에게 데나리온 둘을 내어 주며 이르되 이 사람을 돌보아 주라 비용이 더 들면 내가 돌아올 때에 갚으리라 하였으니" 눅 10:35.

다른 사람들을 섬길 때 효과적으로 준비하고 계획하는 것이 중요하다. 어떤 일들은 준비할 것이 많고 계획하기도 어려울 수 있다. 하지만 그 일로 인해 당신의 삶과 당신이 섬기는 사람들의 삶에 임할 복을 생각해 보면 그 정도 어려움쯤은 아무것도 아니다.

남아프리카의 케이프 타운에 사는 디Dee라는 자매는 한 목회자의 아내다. 이 귀한 우리 친구에게 한 번은 출산을 앞둔 스위스 출신의 자매가 방문을 했다. 디는 그 자매에게 스위스에서는 친구들과 가족들이 베이비 샤워(임신한 것을 축하하기 위해 친구들이 아기용품을 선물하는 축하 파티)를 해 주냐고 물어보았다. 그러자 그녀는 반문했다. "베이비 샤워가 뭔데요?"

디는 그 젊은 자매에게 같이 가자고 초대했다

디는 그녀에게 설명해 주었다. 베이비 샤워는 엄마될 사람에게 친구들과 친척들이 아기 옷, 딸랑이, 고무 젖꼭지 같은 아기 용품들을 선물하며 축복을 쏟아부어주는 것이라고 했다. 그러자 그 젊은 자매가 말했다.

"스위스에서는 그런 게 전혀 없어요."

디는 곧장 대답했다.

"걱정하지 마세요. 이틀 후에 우리가 베이비 샤워를 해 줄 테니까요."

그리고 디는 그 젊은 자매에게 자기와 같이 가자고 초대했다.

이틀 후 그들이 베이비 샤워 장소에 갔을 때 그 젊은 자매는 디가 자신만을 위해서 베이비 샤워를 준비해 놓았다는 것을 발견하고 너무나 기뻐했다! 디는 교회 안에 있는 모든 자매들에게 연락했고 그들은 이 젊은 자매를 축복하기 위해서 많은 선물과 멋진 파티를 함께 준비했던 것이다. 그 이벤트를 준비하는 것이 즉흥적이었거나 쉬운 것은 아니었다. 다만 효과적인 계획과 준비 덕택에 가능한 일이었다. 때로 우리가 주님께, 그리고 다른 사람들에게 주어야 하는 것이 있다면 그것은 계획하고 준비하고 조직하는 능력과 우리 이마의 땀이다.

이번에는 남아프리카의 작은 해변 마을에서 소규모의 목회자 컨퍼런스에서 만난 부부 이야기를 하겠다. 이 부부는 전체 일정 중에 우리와 우리 목회자들과 그 사모들을 섬겼다. 그리고 이 부부는 정말 탁월했다. 우리가 모임 사이 쉬는 시간에 케이크나 무엇을 먹고 있으면 우리가 다 먹자마자 빈 접시를 받아갔다. 다른 음식을 먹으려고 하면 어느새 요청도 안 했는데 빈 물컵을 보고 물을 담아주고 있었다. 이들 부부가 우리를 섬길 때 보여준 성실함과 효율성은 믿기 어려울 정도였다. 후에 알게 된 것은 이들이 경제적인 어려움을 겪고 있다는 사실이었다. 그럼에도 그들은 우리를 축복하고 섬기기 원했던 것이다.

우리는 그들을 축복하기 위해 십시일반으로 힘을 모았다

다음날 나는 모든 목회자들과 사모들에게 이 사실을 말했고 우리는 그들이 겪고 있는 압박감에서 그들을 벗어나도록 도와주기 위해 쉼의 시간을 마련해 주자고 뜻을 모았다. 우리는 십시일반으로 힘을 모아 포트 엘리자베스 시의 해변가 리조트에 멋진 호텔을 예약하고 그들을 보내주었다. 그 도시는 우리가 사는 곳이기도 했다.

모두가 여분의 재정을 기부하여 이 부부가 매일 밤 일류급 레스토랑에서 식사할 수 있도록 했다. 또한 그곳에 머무는 동안 차량도 마련해 주었다. 그들이 도착하기 전 캐롤은 그들이 묵을 방에 아름다운 꽃과 선물, 그리고 카드를 갖다 두었다.

그들은 목회자 컨퍼런스에서 자신들이 가진 모든 것을 내어 우리를 섬겼던 사람들이다. 우리는 이 부부의 헌신적인 섬김으로 감동을 받았다. 물론 우리가 그들의 고질적인 재정난을 해결해 줄 수는 없다는 사실을 알았지만 우리도 우리가 가진 모든 것으로 그들을 축복하기 원했다. 그래서 다시 한 번 우리의 섬김을 효과적으로 준비하고 계획해야 했다.

이 부부는 그 소규모 컨퍼런스에서 우리들과 목회자들과 사모들을 섬기는 것이 너무나 즐거웠던지라 출장 뷔페 사업을 시작하면 좋겠다는 생각에 이르렀다. 그 사업은 잘 되었고 그들은 지금 이 글을 쓰는 시점에도 계속 그 사업을 하고 있으며 매달 이런저런 컨퍼런스에 수백 명의 사람들에게 음식을 제공하는 일을 하고 있다. 하나님은 신실한 종들에게 그분의 신실하심을 보여주기 원하신다.

셋째 날 : 예수님을 나타내라 Reveal Jesus

'종' servant의 세 번째 철자 R은 하나님의 종들이 예수님을 나타내야 할 의무가 있음을 의미한다. 일주일의 첫째 날에는 사랑의 말을 전했다. 둘째 날에는 효과적으로 준비하고 계획했다. 셋째 날은 새 생명의 날이니 예수님을 나타내라.

당신이 섬기고 있는 사람에게 나눠줄 적절한 성경말씀을 찾아보라. 그가 주님을 몰라도 괜찮다. 이렇게 말하라.

"저기요, 오늘 아침 하나님께 기도하는데 이 말씀을 당신에게 나눠주기를 원한다고 하셨어요."

그리고는 주님이 당신에게 주신 성경말씀을 읽어주거나 언급해 주어라. 마지막으로 예수님을 나타내는 방법은 그들에게 하나님의 선하심에 대해서 그리고 당신이 어떻게 인격적으로 하나님의 행하심을 보았는지에 대해서 재미있는 이야기나 간증을 들려주는 것이다.

요전에 나는 긴 머리에 귀걸이를 끼고 헐렁한 반바지에 샌들을 신고 있던 젊은 파도타기 선수를 만난 적이 있다. 그는 섬김의 축제 컨퍼런스 기간 중에 회심을 했다. 그는 섬기고 싶은 마음이 생겼다. 그리고 무엇보다 자신이 평상시 하지 않던 일, 자신에게 가장 힘든 일을 선택하여 섬기기를 원했다. 그는 엄마와 함께 쇼핑하는 것을 아주 싫어했기 때문에 그가 할 일이 명확해졌다. 그는 십대 소년이었고 엄마와 쇼핑 가는 것은 상상하기 어려운 일이었다.

진실의 순간이 다가오자 그는 어머니뿐 아니라 할머니와도 함께 쇼핑에 동행했다. 그는 가장 멋진 파도타기 옷을 입고 조용히 그들 뒤를 따라다니며 카트를 끌기도 하고 짐을 옮기기도 했다.

집으로 오는 길에 세 사람은 병원에 들러 할아버지를 방문하기로 결정했다. 할아버지는 매우 병약했다. 이 젊은이는 어머니와 할머니와 더불어 할아버지의 침대에 둘러 앉아 있었다. 그때 그가 갑자기 말했다.

"잠시 할아버지와 단 둘이 있어도 될까요?"

모두가 방에서 나가자 그는 할아버지에게 복음을 전했고 할아버지는 그날 예수님을 영접했다.

그는 섬기기로 결정했고 할아버지에게 예수님을 나타냈다
어머니와 할머니가 병실에 돌아왔을 때 이 젊은이는 병원 정원에 나가 산책하고 있었다. 그가 여전히 정원에 있을 동안 어머니와 할머니가 다가오더니 할아버지가 방금 돌아가셨다고 말했다. 이 젊은이는 섬김에 대한 명령에 순종함으로 함께 쇼핑에 갔고 할아버지에게 예수님을 나타냈고 그를 임종 직전에 주님 앞으로 인도할 수 있었다. 성경은 이렇게 말씀한다.

"예수의 증언은 예언의 영이라" 계 19:10.

당신이 주님을 모르는 누군가에게 당신의 삶에 나타난 주님의 신실하심에 대해서 간증하고 이야기를 나눌 때 그가 주님을 영접하게 되더라도 놀라지 말라! 그들은 종종 이렇게 반응한다.

"네, 하나님이 저를 위해서 이렇고 이런 일들을 하셨어요. 제 이모 에드나를 위해서는 저렇고 저런 일들을 하셨지요."

그들이 주님을 모름에도 불구하고 감사의 마음이 그들 안에 밀려들 것이다!

그런 경우 나는 하나님께서 우리를 얼마나 풍성하게 공급하시는지 나누기를 좋아한다. 우리 가족이 놀라운 축복 속에 사는 것은 우리 사역의 특성상 하루하루가 하나님의 공급하심을 기적적으로 체험한 이야기들이기 때문이다. 오늘날 우리가 하는 사역이 남아프리카에서는 비교적 잘 알려져 있고 미국에서도 신설되었다. 하지만 초창기에는 정말 믿음으로만 걸어가야 했다. 때로 캐롤과 아이들은 내가 십자가와 대야를 들고 길을 걷는 동안 먼저 그 다음 도시로 가곤 했다. 그들은 돈도 없으면서 트레일러 주차장을 찾으러 다녔다. 다음날 아침까지 있을 곳이 필요했기 때문이었다. 때때로 차를 타고 지나가던 사람이 멈춰 서서 인사를 하며 돈을 주고 가기도 했는데 그날 밤 가족과 만나보면 딱 트레일러 주차장 비용만큼의 금액인 경우들이 있었다. 이 어찌 하나님의 놀라운 선하심이 아닌가. 확신컨대 하나님께서 우리에게 일상의 기적들을 주시는 것은 다른 사람에게 예수님을 나타내라고 하시는 것이다. 이런 기적들로 인해 사람들은 주목하고 마음이 움직이고 하나님에 대한 믿음을 갖게 된다.

넷째 날 : 검증하라 Verify

'종' servant의 네 번째 철자 V는 당신이 섬길 일들을 검증할 필요가 있음을 말해 준다. 간단하게 말해서 나는 막무가내로 다른 사람의 발을 붙잡고 발 닦는 대야에 밀어넣지 않는다. 먼저 그의 발을 닦을 수 있는 기회를 내게 줄 수 있겠냐고 물어본다. 미장원에서 바쁘게 일하고 있는 여성을 주님이 만나기 원하신다고 느낀다면 당신은 자세하게 물어보아야 한다.

"내일 머리를 깎으며 당신을 축복하고 싶은데요. 내일이 괜찮으신가요?"

편모나 미망인의 차를 자동차 수리점에 가져가고 싶다거나 어떤 부부를 식사에 초대하고 싶다면 자세하게 검증하라.

"제가 이렇게 당신을 축복하고 싶습니다. 그래도 괜찮을까요?"

이 중에서 가장 중요한 검증은 이것이다. 당신의 계획이 그저 좋은 생각이 아니라 '하나님의 생각'인지 주님께 여쭤보고 검증하라.

섬김에 있어서 몇 가지 다른 V들이 있다.

1. 활력 vitality 있게 섬기라

열정적으로 기쁘게 섬기라. 당신이 섬겨주는 사람이 당신에게 고마움을 표시하지 않아도 그리 하라. 때로 사람들은 섬김을 받을 자격이 있다고 생각하기도 하고 별 이유 없이 당신이 하는 일에 감사 표시를 하지 않기도 한다. 반드시 모든 일을 하나님께 하듯 하라. 당신의 중심에 거룩한 태도를 유지하라. 내가 방문했던 사역지 중에서 한 젊은이가 개인 수행원으로 섬긴 일이 있었다. 나는 그와 나눴던 대화가 생생하게 기억난다. 나는 그가 가진 종의 마음에 대해서 칭찬하며 그가 보여준 태도가 내게는 큰 축복이 되었다고 말했다. 그러자 그는 이런 말을 했다.

"종이 된다는 것은 언제나 너무 좋은 일이죠. 하지만 사람들이 당신을 종처럼 대할 때는 쉽지 않은 일이에요."

당신의 부르심대로 사람들이 당신을 대할 것임을 명심하라. 당신은 종으로 부름 받았다. 다른 것을 기대하다가는 '활력 누수현상'이 일어난다.

2. 누군가를 섬기는 일의 자세한 부분까지 검증할 때는 민감하게 sensitively 그 일을 하라

다른 사람을 섬기면서 당신의 뜻을 강요하지 말라. 예수님이 주님의 뜻을 우리에게 강요하지 않으셨다면 우리가 무슨 근거로 다른 사람에게 우리의 뜻을 강요하겠는가?

3. 아주 조심스럽게 cautiously 섬기라

수년 전 우리는 장차 우리가 그곳에 정착하리라는 상상을 전혀 하지 못한 채 남아프리카의 포트 엘리자베스에 큰 사역을 하러 아웃리치를 간 적이 있다. 우리는 구역을 정해놓고 70명의 사역자들을 파송하여 가가호호 방문했다. 본부에서는 두 명의 중보기도 용사가 70명의 사역자들을 기도로 지원했다. 사역자들이 잃어버린 상한 영혼들을 찾아나서는 동안 중보기도자들은 밤마다 그들을 위해 중보기도 했다. 첫날 밤 캐롤과 나는 한 자매와 팀을 이루어서 어떤 가정을 방문했다. 그날 밤 우리는 이 가족에게 설교하기보다는 그저 사랑을 부어주어야 겠다는 마음이 들었다. 그리고 복음을 언제 전해야 할 지는 성령께서 확신을 주셨다. 마지막 날 밤 주님은 말씀하셨다.

"오늘 밤이다."

내가 그 가족들에게 "예수님에 대해 알려드리고 싶습니다"라고 말하자 그들은 대답했다.

"당신이 언제 그분에 대해 얘기해 줄까 하고 기다렸어요."

하나님의 때는 언제나 최적이다. 그날 밤 온 가족이 예수님을 영접했다.

4. 모험하라 venture out

두려움에 무릎 꿇지 말라. 다른 사람을 섬길 수 없고 주님을 전할 수 없다고 하는 사람들이 가장 많이 하는 변명은 이것이다.

"다른 사람들은 잘 하죠. 그러나 저는 할 수 없어요. 저는 창의적이지도 않고 배운 것도 없고 재능도 가진 것도 없어요. 제가 뭘 할 수 있겠어요?"

내가 아는 한 할머니는 배운 것이 없고 거의 문맹에 가깝지만 기도하는 여인이었다. 그녀에게는 주님을 사랑하는 마음이 있었고 이웃 사람들이 예수 그리스도를 영접했으면 하는 강렬한 소망이 있었다. 어느 날 할머니는 케이크를 구워서 옆집 문을 두드렸다.

"커피 한 잔 하려고 찾아왔다우. 여기 케이크도 있는데."

그러자 이웃은 약간 놀라면서도 그녀를 집안으로 초대했다. 케이크를 먹고 얘기를 나누면서 할머니는 이웃 사람들을 주님께로 인도했다. 할머니는 인근에 있는 모든 집에 찾아가 동일한 일을 반복했다. 몇 달이 지났을까. 할머니는 자신의 구획에 있는 거의 모든 사람들을 주님께로 인도했다! 당신이 누구이든 당신이 무엇을 할 수 있든 간에 하나님은 당신에게 섬길 수 있는 길을 열어 놓으셨다. 두려워 말라. 모험하라.

다섯째 날 : 사랑으로 행동하라 Act in love

'종' servant의 다섯 번째 철자 A는 항상 사랑으로 행동하라는 뜻이다. 이날은 당신이 준비해온 대로 행동하는 날이다. 기쁨으로 행하라. 당신 자신에게도, 그리고 당신이 섬기는 사람에게도 가능한 한 즐거운 사건이 되도록 하라. 아이티를 비롯해서 여러 선교지에 동행했던 내 친구 로드는 한 쾌활한 여성과 결혼했다. 그녀는 다니는 교회에서 예배 인도자로 섬기는 자매다. 결혼식날 하객들은 신혼부부를 축복하기 위해서 사랑의 마음을 담아 그러나 재미있는 일을 한 가지 하기로 결정했다.

피로연에서 하객 몇 사람이 로드의 신부를 '납치' 해 피로연장에서 재빨리 데리고 나갔다. 그리고는 로드에게 질문했다.

"신부를 되돌려 받고 싶은가?"

그러자 로드는 당연히 "물론이죠!"라고 대답했다. 그때부터 하객들은 어떻게 신부를 되돌려 받을 수 있는지 '보상금' 마련하는 방법을 가르쳐 주기 시작했다.

로드는 각 테이블마다 기어가서 결혼식 손님들에게 '보상금'을 달라고 요청해야 했다. 신랑은 성실하게 이곳저곳을 돌아다니며 도움을 요청했고 마침내 납치범들에게 보상금을 가져다주었다. 그러나 납치범들은 보상금을 세어보더니 불안해하는 신랑에게 "아직 부족한데. 다시 가요!"라고 말했다.

고통스럽기도 하고 재미있기도 하고 불쌍한 로드는 다시 한 번 테이블을 돌면서 보상금을 요청했다. 그러기를 세 번이나 하고 나서야 사오 천 불 정도의 보상금이 마련되었다. 그제야 납치범들은 보상금 총액이 충분하다고 했다. 그리고는 로드에게 보상금 전액을 가지라고 말하더니 기뻐하며 신부를 되돌려 주는 것이었다.

사랑으로 행동하면서도 동시에 즐거움을 누릴 수 있다

기상천외한 발상을 낸 하객들은 로드와 그의 신부가 상당히 유머 감각이 있기 때문에 기분 나빠하지 않을 것을 알고 있었다. 그들은 로드와 그의 신부를 축복하고 싶은 마음이었을 뿐 아니라 앞으로 잊지 못할 추억을 주고 싶었다. 그날의 사건을 얘기할 때마다 웃음과 즐거움이 가득할 것이다. 사랑으로 행동하면서도 동시에 즐거움을 누릴 수 있는 이유는 섬김은 기품인 동시에 기쁨이기 때문이다.

많은 경우 우리는 전혀 재미있지 않은데도 사랑으로만 행동해야 할 때가 있다. 섬김은 언제나 즐거움이요 기품이요 기쁨이다. 하지만 언제나 쉬운 것은 아니다. 때때로 주님은 섬김이 용이하거나 편안하지 않을 때에도 섬김의 행동을 하라고 부르신다.

지난 세월 동안 사역의 여행을 해 오면서 하나님은 우리가 병자를 위해 기도하도록 해 오셨다. 우리는 그럴 때마다 아주 놀라운 기적들이 일어나는 것을 목격했다. 하지만 치유해 달라고 기도한 것이 그 당장에 응답이 되든 안 되든 섬겨야 함을 알았다. 그때 우리에게 가장 큰 시험이 임박해 있었다.

어느 날 밤 캐롤과 나는 십자가와 대야를 지고 거리를 걷던 지점에서부터 다시 차를 타고 상당 거리를 달려 남아프리카의 동해안에 있는 한 도시에 이르렀다. 그곳에서 더반으로 가는 밤 비행기를 타려는 것이었다. 그 주 주말에 몇몇 교회들과 더불어 아웃리치 모임을 몇 차례 할 예정이었기 때문이다. 탑승 전 우리는 아이들에게 전화를 걸었다. 당시 아이들은 요하네스버그에 계신 캐롤의 부모님 댁에 머물고 있었다.

캐롤이 딸 캐린과 통화하는 동안 아내는 캐린의 목소리에서 다급함을 느꼈다.

"엄마, 할머니가 많이 아프세요. 물론 엄마 아빠가 걱정하실까봐 할머니는 말 안 하려고 하시지만. 엄마, 빨리 여기 오셔야 될 거 같아요."

캐롤은 즉시 캐린의 말이 진심이라는 것을 알았다. 장인 장모께서 우리가 걱정하거나 근심할 만한 일을 하고 싶어하지 않으신다는 것을 잘 알고 있었다. 이제 우리는 어떻게 해야 하는가? 비행기 표도 끊었고 더반으로 가는 비행기 출발시각은 밤 11시인데 이제 불과 25분 남아있었다.

마침내 우리는 결정했다. 캐롤의 계획대로 더반으로 가서 그 날 밤을 보내고 다음날 아침 일찍 요하네스버그로 가는 비행기를 타는 것이었다.

캐롤의 어머님은 병원에 입원해야 할 상태였다

다음날 하나님의 은혜로 캐롤은 요하네스버그로 가는 비행기에 탈 수 있었다. 그러는 동안 나는 더반에 남아 주말 내내 바쁜 일정을 소화해야 했다. 월요일에 나는 캐롤에게 전화를 걸었고 아내는 장모님이 병원에 입원해야 할 상태라고 말했다. 며칠 후 아내는 장모님이 수술을 받을 예정이라며 내가 요하네스버그로 와 주었으면 했다.

다음날 장모님은 수술실로 들어갔다. 집도의가 안 좋은 소식을 가지고 나왔다. 아내와 가족에게 장모님이 암 말기이며 병원에서 해 줄 수 있는 것이 없다는 말을 전했다. 암이 너무 진행되어 있어서 방사선 치료도 할 수 없었다. 의사 소견대로라면 장모님은 짧으면 3달, 길면 1년간 사실 수 있었다.

가족들은 충격에 휩싸였다. 우리는 믿음으로 일어서고자 했고 동시에 충격으로부터 벗어나고자 했다. 몇 가지 질문이 우리 안에서 일어났다.

"주님, 왜입니까? 장모님이 아직 젊은데요. 이제 어떻게 되는 겁니까? 왜 이런 일이 일어났습니까?"

우울한 소식을 장모님께 전해 드린 후 나는 거리 사역으로 돌아가야 할 때가 되었음을 알았다. 캐롤은 장모님을 댁으로 모셔드리고 나와 함께 거리 사역에 합류하기 전 어머님 댁에 머물렀다. 며칠간 있으려는 것이었다. 하지만 그렇게 되지 않았다.

열흘 후에 한 지역교회 목사님이 급한 소식을 가지고 트레일러로 찾아와서 나에게 캐롤한테 전화해 보라고 했다. 나는 가까운 공중전화 부스로 갔다. 캐롤은 떨리는 목소리로 내가 빨리 요하네스버그로 와 줄 것을 요청했다. 의사는 장모님이 그날 밤을 넘기지 못할 것으로 보았기 때문이다. 가까운 공항에 전속력으로 세 시간 동안 차를 몰아 새벽 한 시 비행기를 타고 2시간을 비행하여 요하네스버그로 갔다.

장모님 댁에 당도해 보니 온 가족이 모여 있었다. 처남과 처제들, 그리고 동서들도 모여 있었다. 불과 15일이 지났는데 어머님의 상태가 이렇게 나빠지다니 나는 상당히 놀랐다.

어머님이 혼수상태에 빠졌지만 우리는 계속 어머님을 섬겼다

어머님이 숨쉬고 계시는 동안까지 캐롤과 나는 최선을 다해 어머님을 섬기기로 마음을 나눴다. 나는 매일 아침 일어나 어머님의 침대 곁에 앉았다. 하루종일 몇 시간씩 하나님의 말씀을 읽어드리고 얘기해 드렸다. 나의 이런 일과는 해 뜰 때부터 해 질 때까지 계속 되었다. 그리고 나면 캐롤이 이어받았다. 아내는 어머님 침대 곁에 앉아서 밤새 기도하고 몸을 닦아드리며 철야를 했다. 어머님이 혼수상태에 빠졌지만 우리는 계속해서 어머님을 섬겼다.

5일 후 우리는 마지막이 가까웠음을 알았다. 나는 어머님께 말했다.

"어머님, 예수님이 어머님께 다가오시는 것을 보고 계세요? 주님이 오고 계세요. 두 팔을 벌려 주님의 품에 안기세요."

마침내 어머님은 주님의 품에 안기셨다.

사랑하는 어머님의 침대 곁에서 보낸 긴 시간은 우리 인생에서 가장 힘겨웠던 전쟁을 아름답게 마무리하는 것이었다. 우리는 서서히 죽어가는 어머니를 섬기면서 때로는 고통 가운데 하나님께 부르짖었다. 하지만 우리는 어머님이 예수님의 품에 안기기까지 기품을 가지고 섬길 수 있었다. 때로 주님은 우리에게 섬길 수 있는 자리에 서 있으라고 부르실 때가 있다. 그게 항상 쉬운 것은 아니지만 기품과 기쁨을 가지고 섬기라.

여섯째 날 : 보답을 바라지 말라 Nothing in return

'종' servant의 여섯 번째 철자 N은 우리가 다른 사람을 섬길 때 보답을 바라지 말 것을 의미한다. 이 날은 기도해야 하는 날이다. 내가 하고자 하는 말은 그저 하루종일 하나님께 감사하라는 것이다. 하나님의 영광을 위해 쓰임 받는 특권을 주심에 감사하라. 하나님께 감사할 때에 우리는 아무것도 보답을 달라고 요구하지 않는다. 다만 고백하는 것이다.

"하나님, 나는 어떠한 보답도 바라지 않습니다. 하나님의 종이 된다는 것 자체가 큰 영광입니다."

종에게는 주장할 권리가 없다. 불평하거나 제대로 대우해 달라고 요구할 '권리'를 내려놓으라. 그리스도는 섬기시고도 십자가에 못 박히셨다. 이것이 주님이 받은 대우였다! 감사를 모르고 배은망덕한 사람들도 있을 것이다. 그러나 당신은 어디까지나 종이다. 하나님의 임재로부터 즐거움을 누리라. 그러면 그날 필요한 충분한 힘을 공급받을 수 있다. 하루종일 감사와 기쁨으로 당신의 가슴을 가득 채우라. 주님을 경배하고 찬양하라. 그러면 마침내 주님의 종이 되는 높은 부르심을 받는 단계까지 갈 수 있을 것이다.

일곱째 날 : 머물라 Tarry

'종' servant의 마지막 철자 T는 우리가 물러서서 주님을 기다리며 머무는 것을 의미한다. 이 날은 우리가 그 다음 주에 개인이든 부부이든 가족이든 누구를 섬겨야 할 것인지 주님이 보여주시도록 간구하는 날이다. 또한 그 다음에 무엇을 해야 할 지 여쭤보는 날이다.

당신이 매주 한 사람이나 한 가정을 섬기면 한 해가 끝날 무렵 당신은 52명의 사람이나 52개의 가정을 섬기게 된다. 이 숫자는 당신이 섬기는 교회의 크리스천들의 숫자에 의해서 증가될 수 있다. 그렇게만 한다면 수천 명의 사람들이 당신의 공동체 안에서 섬김을 받을 수 있을 것이다.

정말로 섬김의 마음이 흐르게 되면 어떤 일이 일어날지 그리고 온 교회가 칼을 내려놓고 섬김의 수건을 두른다면 어떤 일이 일어날지 조금이나마 알 수 있을 것이다.

앞으로 일어날 가능성만 생각해도 내 심장이 기쁨으로 뛴다. 섬김의 부흥이 당신의 교회와 지역사회에 가져올 여파를 상상해 보라! '사랑이 가득한 지역사회'에 살며 '섬김이 가득한 교회'에 다니는 것이 얼마나 멋지겠는가! 사람들이 말하기 시작할 것이다.

"우리는 저 사람들을 잘 알아요! 우리는 모두 그들의 친절함을 알고 있어요. 이 교회에서는 모든 사람이 섬기거든요!"

부흥은 언제나 가슴에서 시작하여 한 번에 한 사람씩 가슴에서 가슴으로 전달된다. 다른 사람이 이 비전을 잡기까지 기다리지 말라. 그리스도의 제자요 종으로서 먼저 과감하게 나서라. 주님의 손에 붙들려 당신의 '영적인 유전자'를 변화시키라. 또한 섬김을 사역의 차원이 아니라 삶의 차원으로 가져가라. 예수님은 말씀하시기를 당신이 하나님 나라에서 위대해지기를 원한다면 종이 되어야 한다고 하셨다. 이것이 바로 위대함에 이르는 비밀이다.

❦ 토 미 가 말 하 다 ❦

주님은 주님의 집에 놀라운 영광과 능력의 테이블을 마련해 두셨다. 그러나 주님을 위해, 그리고 형제들을 위해 수건을 두르는 사람은 아무도 없다는 사실만을 발견하신다. 누군가는 겸손히 낮아져야 한다.

더러운 발들을 닦아내기에 충분한 눈물을 흘릴 수 있는 사람이라면 그 누구나 종으로 오신 주님 곁에 영광의 자리에 앉을 자격이 있다. 주님은 아무런 명예도 누리지 않으셨다. 그러나 우리는 끊임없이 우리의 명예를 추구하려고 든다. 주님은 종의 형체로 오셨는데도 우리는 지배자의 모습으로 군림하려 든다 빌 2:7.

물론 우리들 중 주님의 발을 씻길 사람은 많다. 하지만 주님은 우리가 주님의 발을 씻긴다면 다른 이들의 발도 씻길 수 있어야 한다고 말씀하신다. 영광의 왕이신 주님은 주님의 집에서, 그리고 주님의 나라에서 신발 닦을 종들을 필요로 하신다. 연구하고 토론하고 생각하는 시간은 끝났다. 이제는 행동해야 할 때다.

주님은 하나님 나라의 왕과 제사장들을 소집하여 그들의 왕관을 내려놓고 주님의 이름으로 겸손히 섬기는 섬김의 수건을 두르라고 하신다.

"너희 중에는 그렇지 않아야 하나니 너희 중에 누구든지 크고자 하는 자는 너희를 섬기는 자가 되고" 마 20:26.

탁월한 설교가들과 번쩍이는 은사들로 화려하게 치장된 교회에서 수건은 별 볼일 없고 김빠지는 물건처럼 보인다. 그러나 날카로운 칼은 원수에게 쓰는 것이고 원수가 우리를 가로막기 위해 세워놓은 장애물들을 향해 쓰는 것이다.

지금은 추수할 때다. 주님은 추수할 들판에 일꾼이 필요하시다. 당신의 검은 영적 전쟁을 위해 아껴두고 들판을 바라보라. 이제는 수건을 두르고 추수를 시작할 때다.

역자후기

섬김은 삶이다

　그동안 토기장이에서 토미 테니의 책들을 번역하면서 가장 감사했던 것은 예배를 향한 마음을 회복하는 것이었다. 「다윗의 장막」, 「하나님의 관점」은 예배에 관한 책들 중 단연 손꼽을 만한 책들이다. 예배에 대한 이론이 아닌 진실을, 원리가 아닌 마음을 담았기 때문이다.

　그러나 최근의 책 「균형의 영성」에서 그는 예배와 섬김 사이에 영적 균형이 필요함을 이야기했다. 신앙과 삶이 함께 가고 영성과 인격이 동행해야 한다는 것이다. 마리아와 마르다를 통해서 예배드리는 삶과 삶으로 드리는 예배가 다르지 않음을 깨우쳐 주었다.

　그런데 이번 책 「종의 마음」은 기독교의 본질이 섬김이라는 사실을 되살아나게 한다. 번역하는 내내 감동과 눈물로 마음을 적셨다. 그의 예배에 관한 책들이 내 영혼을 하늘로 비상하게 했다면 이번 섬김에 대한 책은 내 영혼을 땅 위에 바싹 엎드리게 만들었다.

가장 잊을 수 없는 말은 이것이다. "내가 자원해서 종으로 섬기는 것은 기쁜 일이지만 사람들이 나를 종처럼 대할 때는 참을 수가 없다." 섬김의 행위는 할 수 있지만 종의 신분은 싫다는 것이다. 잠시 종의 옷을 입을 수는 있어도 아예 종이 되는 것은 싫다는 것이다.

그러나 우리를 보라. 우리는 죄의 종이 아니라 하나님의 종이 된 사람들이다. 섬김의 도는 종이라는 신분을 기쁘게 받아들이는 사람에게서 비로소 빛을 발한다. 그렇지 않다면 우리의 수건도 우리의 앞치마도 나의 아량과 인품을 빛내기 위한 홍보수단에 불과한 것이다.

섬김은 성품의 문제가 아니라 신분의 문제다. 성품상 겸손하고 배려하는 사람만 섬기는 것이 아니다. 신분상 하나님의 종이기 때문에 섬기는 것이다. 하나님이 사람으로 오셔서 우리를 섬기셨기에 나도 하나님을 섬기는 마음으로 내게 주신 사람들을 섬기는 것이다.

섬김은 행복이다. 부엌에서 물을 묻히지 않으면 손은 깔끔하고 뽀송뽀송하겠지만 가족을 행복하게 하는 음식은 나올 수 없다. 작업실에서 물감을 묻히기 싫은 사람은 옷도 몸도 깨끗하겠지만 마음을 깨끗하게 해주는 그윽한 풍경화나 인물화는 결코 태어날 수 없다.

지난 10년간 목회 사역을 하면서 "예배는 삶이다"라는 한 마디가 가슴에 새겨져 있다. 예배가 살면 영혼이 살고 가정이 살고 교회가 살고 도시가 산다. 지난 시간 동안 목숨 걸고 예배 사역에 통역했던 수많은 하나님의 종들을 생각하면 마음에 뜨거운 감동이 있다.

그러나 이제 앞으로 10년은 "섬김은 삶이다"라는 한 마디를 새겨야 할 것 같다. 언제나 사람의 마음은 뿌린 만큼 거두고 싶고 노력한 만큼 인정받고 싶고 헌신한 만큼 칭찬받고 싶다. 하지만 그 길은 내 마음이 좁아지고 작아지고 높아지는 길인 것을 너무나 잘 안다.

오히려 이제는 내 인생에 섬김이 사건이 아니라 일상이 되었으면 좋겠다. 오랜만에 섬기고 나서 스스로 놀라고 기특해하는 것이 아니라 섬김이 습관이 되고 일상이 되어서 무덤덤해졌으면 좋겠다. '종'은 나의 신분이 되고 '섬김'은 나의 라이프스타일이 되었으면 좋겠다.

성산 장기려 박사가 생각난다. 세계적인 학자이자 의사이셨고 한국 최초의 의료보험을 실시하셨던 분. 언제나 가난한 자를 위해 무료로 수술해 주고 치료해 주셨던 분. 그러나 정작 자신은 가족도 없이 집도 없이 병원 옥상에 가건물을 지어 놓고 평생을 사셨던 분.

사람들이 그에게 찾아와 "박사님은 정말 훌륭하십니다. 평생을 빈자와 병자를 위해 헌신하셨습니다"라고 말하면 선생님은 언제나 눈물을 글썽이며 이렇게 대답하셨다고 한다. "우리 주님은 머리 둘 곳도 없으셨는데 나는 집도 있고 가진 게 너무 많아 주님께 죄송해."

섬김이 삶이 된 사람들의 가슴에는 언제나 뜨거운 눈물이 있다. 사랑의 눈물 감동의 눈물 회복의 눈물이 있다. 하나님 아버지의 가슴에 흘렸던 그 눈물이 우리 모두의 가슴에 흘렀으면 좋겠다. 이 책은 경제위기에 절망한 많은 이들의 영혼을 뜨거운 눈물로 살려낼 것이다.

토미 테니의 책들을 번역할 수 있는 기회를 통해 내 안에 하나님에 대한 깊은 갈망과 열정을 갖게 도와주신 도서출판 토기장이에 감사를 드린다. 무엇보다 사역의 분주함 가운데서 시간을 내어 번역을 해오는 동안 사랑으로 인내해준 아내와 많은 시간을 함께하지 못해 늘 미안한 두 아들에게도 사랑의 맘을 전하고 싶다. 끝으로 이 모든 감동의 근원이 되시는 사랑의 내 주 하나님께 감사를 올려 드린다.

이상준 목사

종의 마음

1판 1쇄	2008년 12월 30일
1판 16쇄	2024년 1월 30일

지은이	토미 테니, 데이빗 케이프
옮긴이	이상준
발행인	조애신
편집	이소연
디자인	임은미
마케팅	전필영, 권희정
경영지원	전두표

발행처	도서출판 토기장이
주소	서울시 마포구 동교로 71-1 2F
출판등록	1998년 5월 29일 제1998-000070호
전화	02-3143-0400
팩스	0505-300-0646
이메일	tletter77@naver.com
인스타그램	togijangi_books_

ISBN 978-89-7782-167-5

- 이 책은 저작권 법에 따라 보호를 받는 저작물이므로 무단 전재와 무단 복제를 금합니다.
- 이 책의 전부 또는 일부를 이용하려면 반드시 저자와 도서출판 토기장이의 동의를 받아야 합니다.

도서출판 **토기장이**는 생명 있는 책만 만듭니다.
"우리는 진흙이요 주는 토기장이시니 우리는 다 주의 손으로 지으신 것이니이다" (이사야 64:8)